MIEKE MOSMULLER

ANTHROPOSOPHIE UND DIE KATEGORIEN DES ARISTOTELES

MIEKE MOSMULLER

ANTHROPOSOPHIE UND DIE KATEGORIEN DES ARISTOTELES

Vorträge und Arbeitsgruppen in Rotterdam

OCCIDENT VERLAG

Aus dem Niederländischen
von Holger Niederhausen

1. Auflage 2014
2. Auflage 2026

ISBN 978-3-00-045310-6

Internet: www.occident-verlag.de
E-mail: info@occident-media.com
Grafische Gestaltung: Carina van den Bergh

INHALT

ERSTER VORTRAG

Rotterdam, 12. Oktober 2012

Wir sind zum vierten Mal hier zusammen, um über die Kategorien, die Begriffskategorien, zu sprechen und an ihnen zu arbeiten. Davor haben wir schon einige Mal an der Frage gearbeitet: Was ist eigentlich Denken? Bert Verschoor hat in einem bestimmten Moment gefragt: Wie lernt man das eigentlich, Denken? Das ist natürlich eine seltsame Frage, denn wir denken, dass wir das können, und in gewissem Sinne können wir es auch. Aber der Weg der Anthroposophie ist nun einmal der Weg des Denkens, und das Denken kann entwickelt werden. Es kann weiter entwickelt werden, als es von Natur aus in uns der Fall ist. Ob wir uns selbst nun als besonders intelligent oder mäßig begabt oder ziemlich dumm erleben, das spielt eigentlich für diese Entwicklung des Denkens keine Rolle.

Nun ist es so, dass wir heute Abend mit ziemlich vielen Menschen zusammen sind, die die vorigen Male nicht dabei waren; ich möchte also versuchen, heute in diesem Vortrag eine Art Zusammenfassung dessen zu geben, was wir bis jetzt für eine Arbeit in Bezug auf die Begriffskategorien gehabt haben, und dann einen Übergang zu dem machen, was wir die kommenden Male tun werden. Wir haben uns vor dem Sommer vorgenommen, dass wir jetzt im Herbst den Übergang von den Begriffskategorien zum Grundsteinspruch suchen wollen. Dieses Mal, dieses Wochenende, liegt in Bezug darauf eigentlich zwischen dem Vorangegangenen und dem Kommenden; an diesem Wochenende wollte ich vor allem auf die Umformung dessen, was wir als die Kategorien des Aristoteles kennen, in dasjenige, was Anthroposophie ist, die Andacht richten.

Wenn man die Entwicklung der menschlichen Intelligenz anschaut, kann man dies natürlich auf sehr verschiedene Arten tun. Eine davon ist, nach Art der heutigen Wissenschaft darauf zu schauen. Man bekommt – wenn man auf diese Weise an die Geschichte des Denkens herangeht – den Eindruck, dass das Denken des Menschen im Laufe der Zeit immer besser geworden ist, dass es sich immer mehr verfeinert hat, immer exakter geworden ist, immer mehr „to the point“. Dass also eigentlich die früheren Menschen, sagen wir der Jahrhunderte vor Christus, im Denken noch lange nicht so weit waren wie wir. Was wir im Laufe der Zeit, im Laufe der Jahrhunderte, in der Menschheit zur Entwicklung gebracht haben, bis zu dem Niveau, auf dem wir uns nun befinden, davon könnte man denken, dass es noch bis ins Unendliche weiter verfeinert werden kann: diese Möglichkeit, mit dem Denken, mit der Intelligenz uns selbst und die Welt mit Begriff zu durchdringen. So könnte man auf die Intelligenz schauen und könnte dann sagen: Nun ja, der frühere Mensch, der wirklich alte Mensch, der antike Mensch und der Mensch noch früherer Zeiten, er hatte eigentlich keine Wissenschaft wie wir; sie hatten eine andere Art des Bewusstseins der Welt, in der sie standen. Und der große Unterschied zwischen dem Blick der Wissenschaft und dem Blick der Anthroposophie ist, dass bei der Letzteren wirklich eine ganz andere Würdigung der Intelligenz des alten und derjenigen des neuen Menschen vorhanden ist. Darüber können wir nicht hinwegsehen, wenn wir versuchen, eine Art Zusammenfassung dessen zu geben, was wir über die Intelligenz während der vergangenen Male kennengelernt haben.

Wenn man die Menschheitsentwicklung so anschaut, wie Rudolf Steiner es aus der Anthroposophie heraus getan hat, bekommt man ein ganz anderes Bild. Man kann nicht sagen: Ach, dieses Bild ist einfach aus der Luft gegriffen, er hat sich einfach etwas ausgedacht. Denn wenn man sieht, wie er das macht, dann lebt darin ein sehr feinsinniges und exaktes Denken. Wenn man die „Rätsel der Philosophie“, ein umfassendes Werk Rudolf Steiners über die Philosophie bis hin zu seiner Zeit, nimmt und darin zu lesen beginnt, dann findet man, wie die philosophische Betrachtung mit der griechischen Zeit beginnt. Rudolf Steiner legt dem Leser dann sehr deutlich dar, dass die griechische Zeit der Beginn des menschlichen Denkens ist. Davor gab es natürlich etwas, ein Erkenntnisvermögen, jedoch nicht ein Vermögen, so philosophisch zu denken, wie das von der griechischen Zeit an geschehen ist und sich dann auch immer weiter entwickelt. Und er weist in seinem übrigen Werk dann sehr deutlich darauf hin, dass man, wenn man auf die Zeit vor der griechischen Philosophie schaut, auf eine Menschheit schaut, die nicht so sehr die denkende

Intelligenz zur Verfügung hatte, auch nicht eine so scharfe und klare Wahrnehmungsmöglichkeit hatte wie wir, sondern bei der das Wahrnehmungsvermögen noch viel mehr für etwas geeignet war, was wir vielleicht das Göttlich-Geistige nennen würden. Man muss sich vorstellen, dass es in der Menschheit eine Zeit gegeben hatte, in der das Wahrnehmungsvermögen – man denkt dann natürlich vor allem an das Sehen, aber auch das Hören und das Tasten hatten eine andere Qualität – viel mehr ein Bilderbewusstsein war, eine Möglichkeit, dasjenige, was in der Welt wirkt, in Bildern aufzunehmen, in vergleichenden Bildern, könnte man sagen. Wir sehen unmittelbare Bilder. Wenn man hier um sich schaut, dann sieht man seine Nachbarn und die übrigen Menschen, man sieht das Podium hier, man sieht die Gardinen, das alles ist so, wie es sich jetzt zeigt, hier. Man kann nicht sagen: Das ist ein Bild für etwas anderes. Wenn man mehr die Gefühls- und die wesentliche Qualität von alledem, was hier ist, wahrnehmen würde, dann würde man nicht dieses Podium sehen, dann würde man nicht die Gardinen sehen, sondern dann würde man mehr die Bedeutung im Bilde sehen. So, wie wir es jetzt noch in einer etwas verkümmerten Form in unserem Traumleben haben. Da hat man auch Bilder, die auf etwas deuten, aber nicht selbst etwas sind. Man könnte sich vorstellen, dass die alte Menschheit auf diese Weise Wissen erworben hat. Dann kommt die Zeit der griechischen Philosophen; in dieser griechischen Zeit endet diese ganze alte Art und Weise, die Welt aufzunehmen, es beginnt etwas Neues.

Das ist ein scharfer Übergang, der da stattfindet. Wenn man die Philosophie von Plato studiert und den Erörterungen von Sokrates folgt, dann sieht man in der Art, wie Sokrates spricht, die neue Intelligenz schon heraufkommen. Man merkt, dass er die selbstständige Vernunft bei dem Menschen ansprechen will und dass er seine Gesprächspartner aufruft, selbst zu denken und nicht einfach Dinge anzunehmen, sondern selbst die Antworten zu bedenken. Wenn diese Antworten nicht kommen, dann gibt er sie, aber er erwartet dann, dass der Gesprächspartner mitdenkt und bei jedem Schritt, den er im Denken setzt, am liebsten natürlich Ja sagt, aber manchmal wird auch Nein gesagt. So sieht man die erste Diskussionsform entstehen. Sokrates regt seinen Gesprächspartner fortwährend dazu an, selbst zu denken.

Die Form dieser Dialoge, also die Art und Weise des Argumentierens, ist eigentlich schon sehr modern, aber der Inhalt, der da besprochen wird, ist für uns moderne Menschen zunächst oft unzumutbar. Wenn man im „Timaios" die Entwicklung des Welten-Alls beschrieben sieht, dann ist das für einen modernen Wissenschaftler etwas Grauenhaftes, ein großer Unsinn, würde man sagen, mit Symbolen und allerlei Dingen, mit denen man als moderner Mensch eigentlich nichts mehr anfangen kann. So ist es, wenn man von seinem heutigen Bewusstsein aus darauf schaut.

Rudolf Steiner weist darauf hin, dass man darauf aber doch auch noch auf eine andere Weise schauen muss. Man dürfte nicht nur vom heutigen Bewusstsein aus sagen: Das sind natürlich alles nur Annahmen, Unsinn; sondern man müsste sagen: Ich gehe „hinein" und versuche einmal mitzudenken, was von Sokrates und seinen Gesprächspartnern gesagt wird. Dann geht es nicht mehr so sehr um den Inhalt, dann geht es darum, was in diesen Gedankengängen lebt, und dann wird es sehr interessant. Doch man sieht natürlich, dass da eine Erkenntnis des Menschen angesprochen wird, die für uns moderne Menschen sehr sonderbar ist. Bei Rudolf Steiner kann man finden, dass dies damit zu tun hat, dass die alte Art des Wissens und Erkennens – die noch ganz in Bildern verlief und in diesen Bildern eine Wirklichkeit zeigte, wobei man aber, wenn man diese Bild-Denk-Kraft nicht hatte, von jener überhaupt nichts begriff –, dass man diese also eigentlich so sehen muss, dass dieses alte Bewusstsein des Menschen an ein Ende kommt, hier sein Ende findet. Das Alte wirkt noch in dem Inhalt nach, während in der Argumentation schon das Neue zu finden ist.

Wir müssen uns vorstellen, dass diese alte Art des Wissens noch mit einem bestimmten inneren Üben zusammenhing, wodurch man Wissen erwerben konnte, indem man sich entwickelte, indem man ein entwickelterer und auch moralisch besserer Mensch wurde. Das ist in unserer Zeit natürlich losgelöst voneinander. Man kann als „Schurke" sehr gut ein Universitätsstudium absolvieren, dadurch kommt man letztlich zu Wissen, aber das heißt nicht, dass man ein hochstehender Mensch ist, das ist nicht notwendig. Wenn nur der eigene Intellekt gut genug ist, kann man eigentlich alles werden, ohne dass dies damit zusammenhängt, ob man auch eine innere Entwicklung durchmachen will. Das war in dieser alten Zeit nicht möglich. Da hing das

Erwerben von Wissen noch unmittelbar mit der moralischen Entwicklung zusammen. So gab es Mysterien. Mysterien müssen als Orte verstanden werden, wo Übung, innere Übung, und übermenschliches Wissen, das in dieser Zeit noch erworben werden konnte, ganz ausgesprochen lebten. Was man heute als Universitäten hat, das waren in jener Zeit Mysterienorte, und zu diesen ging der Mensch, bei dem es nicht so sehr darum ging, ob er intelligent war, denn das spielte in dieser Zeit nicht wirklich eine Rolle, sondern bei dem es darum ging, ob eine moralische Entwicklung in Gang kommen konnte.

So gab es auch in Ephesus Mysterien. Ephesus gibt es noch immer, es liegt an der Küste der Türkei. Wenn man einen Strandurlaub an der türkischen Küste macht, kann man Ephesus besuchen. Später hat dort der Evangelist Johannes mit Maria gelebt; es ist ein ganz besonderer Ort. Ich bin nie dort gewesen, aber wenn man dorthin kommt, hat der Ort noch immer eine ganz besondere Ausstrahlung. In Ephesus gab es also vor der platonischen Zeit noch wirksame Mysterien. In diesen Mysterien von Ephesus lebten im fünften Jahrhundert vor Christus ein Eingeweihter, ein Lehrer, und eine Priesterin. Eine Priesterin ist nicht wirklich ein Lehrer, sondern hat eine andere Form von Einweihung als der eingeweihte Lehrer. Diese beiden hatten da eine starke Verbindung gehabt und haben die Mysterien von Ephesus tief in sich aufgenommen. Man muss sich vorstellen, dass später, in der Zeit Platos, ein Schüler von Plato aufkommt, und dieser Schüler läutet die Zeit der Intelligenz ein. Dies ist dieselbe Individualität, die in den Mysterien von Ephesus der eingeweihte Lehrer war.

Ich kann es für die Menschen, die nicht in der Anthroposophie zuhause sind, nicht einfacher machen, ich kann den Begriff der Reinkarnation nicht umgehen, das ist nun einmal so in der Anthroposophie. Es ist ein Begriff, etwas Wesentliches, worauf das Denken und die Entwicklung des Menschen beruht. Man muss es so sehen, dass es in der Menschheit Entwicklung dank der Tatsache gibt, dass es sich entwickelnde Menschen in dieser Menschheit gibt. Das scheint mir logisch zu sein. Es ist nicht nur ein biologischer Faktor, sondern es werden zugleich jedes Mal wieder Menschen geboren, die eine bestimmte Entwicklung schon haben. Die also nicht unbeschriebene Blätter sind, sondern die schon eine ganze Vorgeschichte haben, womit sie in der Folge die Menschheit in der Entwicklung wiederum weiterbringen.

Zurück zu der Zeit Platos. Da kommt dieser junge Schüler, der im Umkreis von Plato als Schüler lebt und hier recht bald einen bedeutsamen Platz einnimmt, wobei deutlich wird, dass er die neue Zeit der Intelligenz bringen wird. Er bringt diese natürlich nicht, die Intelligenz kommt in die Menschheit, doch dieser junge Philosoph ist derjenige, der diese Intelligenz als Erster deutlich in sich konstatiert und diese auch beschreiben kann. Er macht also einen Anfang mit dem Beschreiben dessen, wie die menschliche Intelligenz wirkt. Man kann sich vorstellen, was für ein unglaublicher Einschlag in der Entwicklung dies war, wenn man bedenkt, dass davor nicht auf diese Weise intelligent gedacht wurde, sondern in Bildern, und dass dann, während der Mensch in dieser griechischen Zeit beginnt, selbst Gedanken zu bilden, dieser Philosoph kommt, der das so stark und klar in sich selbst erleben kann, dass er die Intelligenz auch wirklich beschreiben kann. In der äußeren Geschichte wird dann ein Konflikt zwischen Plato und diesem neuen, jungen Philosophen Aristoteles beschrieben. In der inneren Geschichte, wie wir sie von Rudolf Steiner kennen, ist von einem Konflikt keine Rede gewesen, sondern ist es so, dass Plato sehr gut wusste, dass die alte Zeit an ihr Ende gekommen war und dass er mit vollem Bewusstsein die Fackel an seinen Schüler Aristoteles übergeben hat.

Aristoteles hat dann eine ausgedehnte Beschreibung des Funktionierens des menschlichen Denkens gegeben, das ist die Grundlage für die Logik geworden und auch geblieben. Noch Kant – der doch auch kein unbekannter Philosoph ist – hat den Ausspruch getan, dass die Logik seit Aristoteles eigentlich nicht verbessert worden ist, dass ihr nichts hinzugefügt worden ist.

Aristoteles beginnt seine Logik mit einer Auseinandersetzung über die Grundbegriffe, die Kategorien. Wenn man dies auf eine äußerliche Weise aufnimmt, nimmt man das Buch und beginnt zu lesen – vielleicht muss man das in seinem Philosophiestudium machen, oder vielleicht denkt man, dass das mal ganz interessant ist. Dann beginnt man damit – und hört meist auch sehr schnell wieder auf. Unsere Art zu lesen ist überhaupt nicht dafür geeignet, man müsste schon eine

Entwicklung durchgemacht haben, wodurch man mit seinem Denken wirklich in den Inhalt „hineingehen" kann. Wenn man es von außen betrachtet, ist es für uns eigentlich nicht wirklich ein Dokument, das unseren Vorstellungen von einem logischen Aufbau genügt, es ist der Beginn der Logik, aber man hat das Gefühl: Es ist doch etwas sehr Anderes als das, was wir mit unserer Intelligenz meinen; es steckt doch etwas ganz Anderes in diesen Kategorien. Wenn man sie also einfach mit dem Denken des einundzwanzigsten Jahrhunderts liest, verzweifelt man ziemlich, weil es so langweilig ist. Und auch nicht sehr konsequent. Der Aufbau ist nicht so, wie man es gerne hätte, von einem zum anderen gehend, nein, es geht scheinbar alles durcheinander. Aristoteles nennt zu Beginn zehn Kategorien, doch er behandelt sie dann nicht alle – und auch in einer anderen Reihenfolge, als er sie genannt hatte. Bestimmte Dinge sind sehr ausführlich beschrieben, andere werden nur kurz genannt. Als er über die Kategorie Position spricht, nennt er dazu eigentlich nur die Beispiele „Er liegt, er sitzt", das ist es dann, damit ist es gesagt. Man weiß natürlich, was er meint: er liegt, er sitzt, das ist Position; aber man hätte gerne, dass auch dem ein Kapitel gewidmet wäre. Er tut dies mit seiner ersten Kategorie, der Kategorie Substanz, dies geht über mehrere Seiten, dann auch mit Quantität, Qualität, Relation, und dann wird es eine merkwürdige Mischung.

Was bedeutet das Entstehen der Kategorien des Aristoteles nach Rudolf Steiner? Wir müssen zu den Mysterien von Ephesus zurückkehren. Da war es so, dass die Menschen, die in den Mysterien Schüler waren, zu einem Bewusstsein von dem Leben vor der Geburt geführt wurden. Man stelle sich vor, wie man in die Mysterienschule geht, wie man da Übungen erhält, und dass man durch diese Übungen langsam Gewahrwerdungen bekommt, nicht so sehr solche des eigenen Lebens vor der Geburt, sondern *des* vorgeburtlichen Lebens. Das war in den Mysterien von Ephesus der Lehrinhalt, zusammen mit der Bedeutung dessen, was die Sprache, das Wort ist. Da hat Aristoteles in einem vorigen Leben als Lehrer gelebt. In seinem Leben als Aristoteles kommt dann ein Tag, der 21. Juli 356 vor Christus – das ist zugleich der Tag, an dem Alexander der Große geboren ist –, an dem von einem Brandstifter der Tempel von Ephesus in Brand gesteckt wird. Alles, was es dort durch all die Jahrhunderte an Geisteskenntnis und Erleben gegeben hatte, geht äußerlich gesehen in Rauch auf, aber man kann sich wohl vorstellen, dass das, was dort noch lebte, sich mit dem Rauch vermischt. Mehr als nur Luft war in diesem Tempel, eine Erfülltheit mit demjenigen, was in all diesen Jahrhunderten an innerer Schulung stattgefunden hatte, war da. Rudolf Steiner hat in einem Spruch zusammengefasst, was in diesen Mysterien von Ephesus für den Schüler erlebbar wurde. Als der Tempel von Ephesus in Flammen aufging, wurde dies gleichsam in den Weltenäther eingeschrieben.

Das ist der Gang des Menschen, der nach einer ganzen Periode zwischen Tod und neuer Geburt schließlich soweit ist, dass dieser Mensch, dieses Wesen, einen Drang bekommt, sich wieder auf Erden mit einem Leib zu verbinden. Dann hört – und das haben wir also alle –, der Mensch im Kosmos, der sich verkörpern will, dass da ertönt:

Weltentsprossenes Wesen, du in Lichtgestalt
Von der Sonne erkraftet in der Mondgewalt.

Das ist wirklich ein kosmischer Prozess.

Wir stehen hier auf der Erde und schauen vielleicht einmal zu einem schönen Sternenhimmel empor; man hat dann die Lichter am Firmament, und man hat vielleicht auch die sich bewegenden Planeten, vielleicht sieht man Venus oder Merkur oder den Mond, und für uns als moderne Menschen sind das Dinge, die da im Weltraum „hängen". Wundersame Gebilde – letztlich kommt die Raumfahrt wohl dahin, sie erreichen zu können und bestätigen zu können, dass es tatsächlich einfach materielle Gebilde sind, bei denen man an nichts weiter zu denken braucht, als dass sie so-und-so-weit entfernt sind, dass dort die Schwerkraft eine andere ist als auf der Erde und so weiter.

Wenn man einen solchen Spruch hört, dann muss man sich vorstellen, dass die Sonne im Kosmos etwas ganz anderes ist als nur eine leuchtende, Wärme ausstrahlende Gaskugel; dass da – und das sehen wir natürlich auch, dass das so ist –, dass von ihr eine Kraft ausgeht, mit der der Mensch, aber auch die Pflanzenwelt etwas macht. Jeder weiß, dass eine Pflanze das Sonnenlicht braucht. Das wird dann übersetzt in: Das sind die Wärme und das Licht. Aber es ist natürlich auch sehr deutlich eine Art Rhythmus in der Natur zu sehen, die Sonne im Frühling hat eine andere Wirkung als die Sonne im Sommer und die Sonne im Herbst. Man kann sagen: Sie steht dann einfach anders; so kann man natürlich alles entkräften. Aber man kann doch auch einmal das Denkexperiment mitmachen, dass von dieser Sonne bestimmte Wirkungen ausgehen, dass wir viel mehr Verbindung damit haben, als wir denken. Dann wäre es so, dass unsere Individualität – wir, die sind, wer wir sind –, dass wir vor der Geburt bei der Sonne unsere Kraft für das neue Erdenleben erworben haben. Was wir an Kraft haben, um das Erdenleben auch wirklich zu vollbringen, das ist uns von der Sonne gegeben. Dann kommen wir in die Region des Mondes, der mehr die Form verleiht, und dann ziehen wir gleichsam in einer sehr großen kosmischen Gebärde die übrigen Planetenwirkungen an uns. Man ist dann als Wesen noch nicht so klein in einem Menschenleib, sondern man zieht sich gleichsam von einer totalen Ausgebreitetheit langsam zurück, um sich so klein zu machen, dass man sich auch mit einem Körper verbinden kann.

Weltentsprossenes Wesen, du in Lichtgestalt
Von der Sonne erkraftet in der Mondgewalt.

Dich beschenket des Mars erschaffendes Klingen
Und Merkurs gliedbewegende Schwingen,

Dich erleuchtet Jupiters erstrahlende Weisheit
Und der Venus liebetragende Schönheit

Dann hat sich die Menschenseele mit *Leben* vereint und kann sich mit diesem Leben dem Erdendasein weihen, sie braucht dafür noch eine Wirkung, um dies wirklich zu können, um dieses Untertauchen in das Physische vollbringen zu können. Das ist die Bitte, dass die weltalte Geistinnigkeit von Saturn den Menschen dem *Sein* im Raum und dem *Werden* in der Zeit weihen möge. Das ist es, was da erklang. Wir können uns vorstellen, das in der Zeit des Vorgeburtlichen ein reales kosmisches Gebet stattgefunden hat, und dass dieses reale kosmische Gebet dazu führt, dass die Menschenseele sich mit Lebenskraft umhüllt, die von aller kosmischen Größe, die es gibt, durchdrungen ist.

Das war es, womit der Schüler in den Mysterien von Ephesus in Kontakt kam, und zwar natürlich nicht so, wie ich es jetzt beschreibe, sondern in einem wirklichen Erleben.

Nun sagt Rudolf Steiner, dass bei dem Brand des Tempels von Ephesus in Aristoteles die Erinnerung an dasjenige aufkam, was er zusammen mit der Priesterin in den Mysterien von Ephesus miterlebt hatte. So werden auch wir Erinnerungen an Geschehnisse haben, die wir außerhalb des Erdendaseins durchlebt haben oder die wir viel früher vielleicht auch in Einweihungen durchgemacht haben, das hat man vergessen. Aristoteles hatte das auch vergessen, aber nun steigt eine Erinnerung auf. Diese Erinnerung steigt auf, wird aber in eine ganz neue Form gebracht: das sind die Kategorien. „Von der Sonne erkraftet" ist also eine Kategorie, „in der Mondgewalt" ist eine Kategorie. „Dich beschenket des Mars erschaffendes Klingen" ist eine Kategorie, „Und Merkurs gliedbewegende Schwingen" eine Kategorie. „Dich erleuchtet Jupiters erstrahlende Weisheit" wird eine Kategorie. „Und der Venus liebetragende Schönheit" wird eine Kategorie. „Daß Saturns weltenalte Geist-Innigkeit" eine Kategorie, „Dich dem Raumessein und Zeitenwerden weihe" eine Kategorie.

Das wären acht. Und Rudolf Steiner gibt dann in der Folge auch acht Kategorien an. Er sagt: Wie mit Buchstaben gelesen werden kann, so erwerben wir mit Kategorien Wissen. Darüber muss man natürlich lange nachdenken, um es zu begreifen. Aber wir sehen ein Wort geschrieben, und wir buchstabieren es nicht mehr, wir sehen es einfach und wissen, was dasteht. Wenn man die Kategorien des Aristoteles für sich nimmt, würde man dasselbe tun, wie wenn man ein Wort einfach nur buchstabieren würde und nicht daran denken würde, was eigentlich dasteht. Wenn man diese Kategorien also aufzählt und sie auswendig lernt, lernt man praktisch dasselbe, wie wenn man sagen würde: A ist A, B ist B, C ist C und immer nur dies. Und wenn man dann ein Wort in einem Buch stehen sieht, dann sagt man: W E L T E N T S P R O S S E N E S W E S E N, und man kommt nicht auf die Worte Weltentsprossenes Wesen.

Wir meinen, wir sind intelligent. Mit unserer Intelligenz lesen wir unbewusst fortwährend mit Begriffen. Das ist es, was Aristoteles damals schon angegeben hat, aber er hat es so angegeben, dass die ganze alte Mysterienweisheit – also eigentlich die ganze Vorgeschichte der Menschheit, in der dieser Mensch noch ein Vermögen gehabt hatte, viel mehr zu wissen als wir, es aber nicht bewusst haben konnte – in ein Geheimnis gebracht wurde. Für uns ist dies eine Art offenbares Geheimnis, denn jeder verwendet die Kategorien, auch wenn er sie nicht kennt. Rudolf Steiner sagt: Eigentlich ist alles, was die Anthroposophie an Geisteswissenschaft gebracht hat, mit Hilfe dieser Kategorien enträtselt worden. Er nennt acht: Quantität, Qualität, Relation, Raum, Zeit, Position, Tun und Leiden. Aristoteles kommt nicht von innen aus dazu, sondern er ist der erste Philosoph, der sich wirklich empirisch in die Welt stellt. Er sagt: Ich bin hier, die Welt ist um mich herum, ich nehme diese Welt wahr, ich denke über diese Welt, ich erwerbe Wissen über diese Welt, und ich bilde Begriffe. Und wenn ich nun schaue, welche Begriffe mir zur Verfügung stehen, dann suche ich so lange, bis ich den Begriff so verfeinert habe, dass er nicht weiter verfeinert werden kann, dass er das Aller-Präziseste ist, was es gibt, was man nicht weiter verfeinern kann und wobei man zugleich auch keinen Grund hat, mit anderen zu diskutieren, dass es vielleicht anders wäre, denn man weiß einfach: Das ist *dieser* Begriff. Und so hat er acht Kategorien gefunden, also acht Grundbegriffe, mit denen der Mensch empirisch in der Welt steht, schaut, was da ist, und versucht, das, was sich ihm zeigt, mit Begriff zu durchdringen.

Der zweite Teil der Logik ist dann: Wie verbindet man die Begriffe? Zuerst aber: Welche Begriffe haben wir, was sind unsere Begriffsbuchstaben, mit denen wir lesen? Aristoteles nennt zehn, Rudolf Steiner nennt acht: Quantität, Qualität, Relation, Raum, Zeit, Position, Tun und Leiden. Es fehlen also zwei: Substanz und Haben.

Was *Quantität* ist, das wissen wir alle: Es ist das Ausdrücken in Maß, Zahl und Gewicht. Aristoteles widmet diesem Begriff Quantität ein ganzes Kapitel und bringt dann zum Beispiel die Unterscheidung von diskreter Größe und kontinuierlicher Größe. Entitäten, die nicht ineinander übergehen können, abgesondert sind, wie zum Beispiel die Zahlen, sind diskret. Man kann sagen: Man kann doch von Zwei auf allmählicher Skala zu Drei gehen. Nein, es gibt immer einen Punkt, wo Zwei-Komma-so-und-so-viel auf einmal Drei ist, also alles davor ist nicht Drei, und auf einmal ist dieser Übergang gemacht und ist es Drei geworden. So gibt es auch Größen, die kontinuierlich sind. Er nennt zum Beispiel die Zeit als kontinuierliche Quantität. Man kann die Zeit in einem durchgehenden Zeitmaß ausdrücken.

Ich habe mich den ganzen Sommer mit den Kategorien beschäftigt. In den 90er Jahren habe ich auch schon sehr viel damit gearbeitet und habe das damals aufgeschrieben und immer den Plan gehabt, es lesbar zu machen. Das habe ich nun getan, aber zugleich hinzugefügt, was sich mir im Laufe von fünfzehn Jahren an Kategorienweisheit noch weiter offenbart hat. Das hat dann unmittelbar mit dem Übergang von den Mysterien von Ephesus zu den Kategorien des Aristoteles, mit dem Fassen seiner Erinnerung an Ephesus zu tun. Man kann wirklich sagen, dass man die Reihenfolge, die Rudolf Steiner in dem Spruch gibt, und die Reihenfolge, die er in der Liste der Kategorien gibt, miteinander in Übereinstimmung bringen darf. Es ist nicht nur abstrakt so, dass man sagt: Es wird schon so sein. Wenn man die Kräfte der Seele und des Lebensleibes des Menschen wirklich sucht, und man versucht, die Kategorien darin wiederzufinden, dann wird dies Menschenkunde, dann ist es nicht mehr nur Logik, sondern dann ist es etwas, was wirklich mit dem eigenen Menschsein zu tun hat. Wenn man das macht, dann findet man auch wirklich diesen Zusammenhang. Wir werden morgen in der Arbeitsgruppe versuchen, das auch konkret zu tun, um dann, wenn wir es gefunden haben, das nächste Mal direkt zu sehen, wie dies alles mit dem Grundstein zusammenhängt.

Wenn wir die Kategorien wirklich anschauen wollen, dann haben wir jetzt die Quantität mehr oder weniger gehabt und kommen dann in den Grundbegriff *Qualität* hinein. Wenn man hier etwas länger verweilt, kann man es in der Weise in sich wiedererkennen, dass man sagt: Dies habe ich wirklich als Grundbegriff in mir, und er unterscheidet sich wesentlich von Quantität.

Wenn man den Begriff Quantität erlebt – was man in Maß, Gewicht und Zahl ausdrücken kann –, und man geht dann über zu dem Begriff Qualität, Eigenschaft, dann findet man ein Kapitel bei Aristoteles, das auch wieder ziemlich umfangreich ist und in dem er verschiedene Arten von Qualität bespricht. Und er sagt da: Eigentlich fällt alles, was hier besprochen ist, unter Qualität, und weiter nichts. Alles Übrige in der Welt außerhalb dessen kann man nicht zu Qualität rechnen, Qualität ist Eigenschaft an sich. Er unterscheidet dann unter anderem die Eigenschaft, die zeitweilig ist, und die Eigenschaft, die bleibend ist. Es gibt bestimmte Dinge, die ein Mensch zum Beispiel zeitweilig als Eigenschaft haben kann. Es gibt auch Dinge, die ein bleibender Charakterzug, eine Fähigkeit oder etwas dergleichen sind. Weiterhin gibt er zum Beispiel auch den Begriff Form als Qualität, wenn man also sagt: rund, viereckig, dreieckig, dann ist das eine qualitative Angabe. Es geht dabei aber darum, dass man, wenn man eine Verbindung dazu bekommen will, einige Dinge wissen muss. Aristoteles hebt also bestimmte Dinge hervor, die sehr selbstverständlich sind. Dies ist jedoch auch nötig, um sich bewusst zu werden, dass man diesen Grundbegriff fortwährend verwendet.

Mit dem Begriff *Relation, Beziehung* meint er nicht das, was wir gegenwärtig meist unter Beziehung verstehen, dass man eine Beziehung mit jemandem hat, sondern er meint Verhältnis, wie zum Beispiel in der Geometrie der goldene Schnitt ein ganz bestimmtes Verhältnis zweier Strecken zueinander angibt. Diese zwei Strecken kann man miteinander vergleichen, aber man kann nicht sagen: Ich vergleiche eine Strecke mit einem Winkel. Es ist also eine Entwicklung des Unterscheidungsvermögens, die Aristoteles hier in Gang setzt, indem er zeigt, dass sehr viele Missverständnisse, die entstehen, auf einem unrichtigen Gebrauch des Vergleichens beruhen. Vergleichen ist etwas, das, auch im persönlichen Leben, eine große Rolle spielt. Das Vergleichen mit einem Mitmenschen zum Beispiel, auf allerlei Gebieten, kann sehr viel Glück und Unglück bringen, und es ist sehr wichtig, dass man eine Vorstellung davon bekommt, wie man diesen Begriff Relation sehen muss. Zwei verschiedene, genau zu derselben Art gehörende Dinge können miteinander verglichen werden. Doch sobald etwas herausfällt, ist dies nicht mehr möglich. Wenn man das so sagt, ist es selbstverständlich, doch wenn man die Beispiele sieht, wo man in den Irrtum geraten kann, sieht man, dass es eine gehörige Ruhe und Schärfe im Denken erfordert, dieses Vergleichen auch wirklich in der richtigen Weise zu tun.

Dann haben wir den Begriff *Raum* und den Begriff *Zeit*. Zwei Begriffe, die von Aristoteles eigentlich nicht weiter besprochen werden. Das ist interessant, er nennt sie also als eine der zehn Kategorien, aber er sagt nur: *Wo und Wann*. Hier und da findet man sie im Text, aber es ist dann selbstverständlich, dass Raum mit *Wo* und Zeit mit *Wann* zu tun hat. Und wenn wir in unserer Zeit nach einem viel konkreteren Erleben dieser Grundbegriffe suchen wollen, können wir uns nicht damit begnügen, nur zu sagen *Wo* und *Wann*, können wir uns auch nicht mit dem begnügen, was Kant über Raum und Zeit gesagt hat. Sondern dann müssen wir doch in das Erleben hineingehen, dann müssen wir uns vorstellen, was das Typische von Raum ist. Ein Bild hat keinen Raum (nicht ein Gemälde oder Standbild, sondern ein Vorstellungsbild), ein materielles Ding sehr wohl. In uns selbst haben wir das Bewusstsein von Raum vor allem dank der Atmung. Das weiß man nicht, aber es ist so. Indem man ein- und ausatmet, ist man im Raum. *Raum* ist Ausbreitung in drei Richtungen.

Rudolf Steiner hat in einer seiner Einleitungen zu Goethes naturwissenschaftlichen Werken ein großartiges Beispiel gegeben, wie man Raum abstrakt denken kann. Es sagt dann (anhand von Goethe): Wenn man zwei Punkte hat, A und B, haben diese ein Verhältnis in Bezug zueinander, hier ist A und da ist B. Nun aber nehme man noch zwei andere Punkte, C und D. Diese haben auch wieder ein Verhältnis zueinander. Von A nach B und von C nach D. Dann hat man also zwei Strecken. Und nun kann man sagen: Die Strecke *a-b* hat auch eine Relation zur Strecke *c-d*. Jetzt ist es nicht mehr wirklich festgelegt. Man kann zwar einen Punkt auf dieser Strecke *a-b* in Bezug auf die Strecke *c-d* nehmen, dann ist es noch konkret. Aber man kann es auch allgemein denken. Man kann denken, dass die ganze Strecke *a-b* zur Strecke *c-d* im Verhältnis steht, aber es ist eine unendliche Variabilität, die man dann hat. Dann hat man den Begriff Raum abstrakt gedacht.

Die *Zeit* ist etwas, was sich unserem Bewusstsein entzieht. Wir haben einen Begriff Zeit, jeder lebt mit der Zeit. Beim Raum kann man sich noch vorstellen, dass dieser wirklich existiert, aber die Zeit, existiert diese nun wirklich, existiert wirklich Zeit, das ist die Frage. Oder haben wir die Wahrnehmungen des Zeitverlaufs, die wir haben, in kleine Stückchen eingeteilt? Dies ist eine verbreitete Auffassung in unserer Zeit: dass Zeit eigentlich nicht existiert, sondern dass es eine Vereinbarung ist.

Merkwürdig ist, dass es Menschen mit einem perfekten Zeitgefühl gibt und dass es Menschen gibt, die das überhaupt nicht haben. Wenn man sagt: Ich will um acht Uhr in Rotterdam sein, dann kann man schauen, wie lang man dafür braucht, aber davor, bevor man abfährt, steckt auch Zeit. Und wieviel Zeit braucht man, um fertig für die Abreise zu sein? Das ist ein Zeitgefühl, was man hat. Es gibt Menschen, bei denen das sehr gut klappt, und es gibt auch Menschen, die immer zu früh sind oder die immer zu spät sind, weil die Zeit verkehrt eingeschätzt wird. Dann kann man sich fragen: Beruht das nur auf Erfahrung, darauf, dass der Mensch mit einer guten Einschätzung der Zeit besser auf die Erfahrung geachtet hat? Doch wenn man das sagt, fühlt man schon, dass etwas nicht stimmt. Die Zeit ist etwas Unsichtbares, in dem man sich bewegt und das ziemlich rücksichtslos ist. Zeit lässt sich nicht beeinflussen, man kann nicht sagen: Ich mache jetzt aus diesen zehn Minuten etwas mehr, denn ich brauche mehr Zeit. Es ist also doch etwas, in das man sich einzufügen hat, auf die eine oder andere Weise. Man sieht, dass die Natur das auch tut, die Natur fügt sich immer der Zeit. Im Frühling sprießen die Pflanzen, im Herbst verwelken sie wieder. Man kann dafür allerlei Erklärungen haben, aber man sieht doch in jedem Fall, dass von Tag zu Tag die Pflanze wieder etwas gewachsen ist. Das Wachsen selbst sieht man nicht, aber man sieht, dass da etwas am Werk ist, wodurch diese Pflanze wächst, dann in einem bestimmten Moment den Höhepunkt erreicht, zur Blüte kommt, zur Frucht- und Samenbildung kommt, und dann wieder verwelkt. Und so haben wir auch die „biologische Uhr“ im Körper. Was ist das? In jedem Fall hängt es mit Zeit zusammen. Aber was geschieht nun wirklich von Sekunde zu Sekunde? Das ist Zeit.

Position ist: Er liegt, er sitzt. Aristoteles sagt: Nicht Liegen und Sitzen, denn das ist mehr ein Tätigkeitswort. Nein, Position: Er liegt, er sitzt. Wenn man sich mehr darauf einlässt, beginnt man zu sehen, dass gerade *diese* Erscheinung, Position – was doch sehr viel mehr umfasst als nur Liegen, Sitzen, Stehen, Hängen –, in der griechischen Kunst vielleicht auf allerschönste Weise in der Bildhauerkunst zum Ausdruck kommt. Wenn man an so eine Halle im Louvre mit all dieser griechischen Bildhauerkunst denkt, sieht man da alle Variationen der Position. Das ist Schönheit, da ist die Handbewegung Schönheit, die Weise, in der der Fuß steht, wie das Knie gebogen ist, wie das Haupt gehalten wird. Das ist alles Position. Es ist auf der einen Seite statisch, doch auf der anderen Seite auch überhaupt nicht. Es ist festgehaltene lebendige Gestalt.

Dann kommen wir zu dem Gegensatz von *Tun* und *Leiden*. Aktivsein und Erleiden. Ich bin in Amsterdam aufgewachsen, wohnte da in einer Straße am Vondelpark, und da wohnten ziemlich viele Herren von Stand, unter anderem der rector magnificus der Universität. Aber auch eine ziemlich bekannte Schriftstellerin. Sie hatten ihre Kinder auf dem Barlaeus Gymnasium an der Weteringschans, und dahin ging auch ich. Geringer von Stand als die anderen. Wir gingen oft zusammen zur Schule, sie lag ganz in der Nähe. Die Weteringschans liegt hinter dem Leidseplein, und wir wohnten vor dem Leidseplein, nur einen Steinwurf weit von der Schule entfernt. Wir gingen dann den Weg am Lido und dann den Leidseplein entlang. Die Schriftstellerin hatte eine Tochter, die einige Jahre älter war als ich und eine höhere Klasse besuchte. Weil ich sie kannte, habe ich später, als ich ein Buch dieser Schriftstellerin sah, dieses Buch gekauft. Sonst hätte es mich vielleicht nicht angesprochen. Der Titel war „Mensch oder Wolf".[1] Ich habe das Buch mit Interesse gelesen. Ich kann es nicht mehr finden, kann die Stelle also nicht mehr suchen, aber in dem Buch stand ein Spruch. Ich meine, er stand auf Englisch da, denn ich kenne ihn nur auf Englisch ... und in diesem Spruch kommen die Kategorie Tun und die Kategorie Leiden für mein Empfinden am schönsten zum Ausdruck. Später habe ich gelesen, dass dieser Spruch dem heiligen Franziskus von Assisi zugeschrieben wird.

Lord, grant me the serenity
to accept the things I cannot change,
The courage to change the things I can,
and the wisdom to know the difference.

---

[1] An Rutgers van der Loeff, Mens of wolf, 1951.

Darin ist die Lebensweisheit für das Erdenleben umfasst, könnte man sagen. Dass man die Ruhe hat, dasjenige, was man zu erleiden hat, auch wirklich zu erdulden; dass man den Mut hat, dasjenige, was man ändern kann, auch wirklich zu ändern; und zwischen diesen beiden steht die Weisheit, die weiß, ob man etwas ändern kann oder doch erdulden muss.

Damit haben wir acht Kategorien gehabt, und dabei haben wir die Hauptkategorie von Aristoteles noch überhaupt nicht besprochen. Das war für mich immer ein Rätsel, dass Rudolf Steiner dies so macht. Aristoteles beginnt seine Kategorienlehre mit *Ousia*, Substanz, dasjenige, was an sich selbst ist, was auf sich selbst beruht, und Steiner nennt Substanz nicht. Er sagt zwar: Es können auch zehn sein; aber er nennt *Substanz* nicht, und er nennt *Haben* nicht. Diese beiden Kategorien lässt er an dieser Stelle also außer Betracht. Es kann natürlich nicht sein, dass er das aus Versehen so gemacht hat. Wenn man es so liest, ist es rätselhaft, dass acht Kategorien genannt werden, und dass diese Hauptkategorie Substanz, von der Aristoteles sagt: ohne diese Kategorie existieren alle anderen auch nicht – dass diese dann nicht genannt wird. Das ist lange Zeit ein Rätsel gewesen.

Langsam, weil man sich immer wieder von neuem damit beschäftigt und sich fragt: wie soll ich das verstehen?, wird es dann doch deutlich. Denn die Kategorienlehre von Aristoteles ist eine Kategorienlehre für das irdische Dasein, also wirklich für das *Hiersein*. Rudolf Steiner gibt diese Kategorien nicht für das irdische Dasein, sondern er gibt sie als Grundbegriffe für die Wissenschaft des Geistes.

Aristoteles sagt dann: Ousia, Substanz, ist etwas, was an sich selbst ist, und dieses *Sein* eines Dinges, das ist eigentlich die Hauptkategorie. Nicht das *allgemeine Sein*, wie bei Plato. Plato hat auch einen Seinsbegriff, das ist das allgemeine Sein, das in allem Seienden dieses seiend macht. Bei Aristoteles ist es das *individuelle Sein*: Sokrates, der existiert; dieser Stuhl, der hier steht, und der ein anderer Stuhl ist als der, der dort steht. Es sind zwar zwei gleiche Stühle, aber es sind zwei einzelne Objekte. Das wissen wir als Mensch. Man kann natürlich aus allem ein Problem machen, man kann eine Philosophie ersinnen, in der man sagt: Ich frage mich, ob das wohl wahr ist – aber vom direkten Erleben her ist es doch so, dass jeder Mensch mit der Möglichkeit begabt ist, zu unterscheiden, dass es getrennt seiende Dinge gibt. Dass der eine Mensch ein anderer ist als der andere Mensch und dass diese einzeln hier sitzen, dass sie ein Sein haben, dass sie wirklich existieren. Man weiß, dass dieser Mensch existiert. Das scheint alles vielleicht sehr selbstverständlich zu sein, doch es ist überhaupt nicht so selbstverständlich. Wenn man sich dessen bewusst wird, dann ist es ein Wunder, dass man als Mensch das Vermögen hat, das Sein, *das individuelle Sein* eines Dinges, einer Person oder eines Tieres wahrzunehmen, zu wissen, dass es so ist, dass es individuell anwesend ist.

Nun ist es typisch aristotelisch, dass er sagt – und das wurde später absolut nicht mehr verstanden: Die Substanz, also dieses seiende Objekt, dieses seiende Ding oder diese seiende Person, hat Merkmale, hat Eigenschaften, hat einen bestimmten Ort und eine bestimmte Zeit, steht in einem Verhältnis zu anderen Dingen. All diese Kategorien spielen dabei eine Rolle. Das typisch Aristotelische ist: Das Wesen, das in dieser Substanz erscheint, die man also ist, das wird nicht von den übrigen Kategorien bestimmt, sondern das Wesen bestimmt selbst, welche Kategorien, welche Eigenschaften zu diesem Wesen gehören. Ich wünschte, dass das sehr genau verstanden oder gefühlt wird. Der Unterschied, ob man ein Ding – auch einen Menschen – als eine Zusammensetzung von Eigenschaften ansieht, wodurch dieses Ding so ist, wie es ist, oder ob man es durch das Wesen dieses Dinges bestimmt sieht, welche Eigenschaften es hat.

Das ist später verloren gegangen. Bei Thomas von Aquin wird es noch einmal sehr stark betont, das habe ich das vorige Mal als Vortragsthema gehabt. Thomas von Aquin hat versucht, das Verschwinden dieser Einsicht zu verhindern. In einer bestimmten Schrift mit dem Namen „Über die Einheit des Intellekts", der Intelligenz, hat er sich mit anderen Philosophen seiner Zeit auseinandergesetzt, vor allem mit arabischen Philosophen, die sich ebenfalls mit Aristoteles beschäftigten. Er hat gezeigt, wie die Interpretation dieser Philosophen in die Richtung geht, dass die Merkmale das Ding bestimmen, während Aristoteles es andersherum gesehen hat. Und dies gewinnt für Thomas dann vor allem in menschlicher Hinsicht die allergrößte Bedeutung, als er anhand des Textes von Aristoteles zeigt, dass dieser die Ansicht hatte, dass ein menschliches Wesen eine sensitive Seele hat, die das Tier auch hat – die Empfindungsseele, könnte man sagen –, dass aber die *menschliche* Seele auch einen höheren Teil hat, die Intelligenz. Das Interessante ist, dass Aristoteles nicht findet, dass die Intelligenz im Menschen nur wie ein hinzugefügtes Etwas anwesend ist, von dem man Gebrauch machen kann, sondern dass *diese Intelligenz der Mensch selbst ist.* Dass es also nicht so ist, dass man als Mensch intelligent ist, sondern dass man die Intelligenz ist. Und nun nicht in allgemeinem Sinne, so dass man wieder in eine allgemeine Intelligenz zurückkehren würde, wenn man stirbt, sondern dass man ein individualisierter Geist ist, diese individualisierte Intelligenz ist. Die Individualisierung tritt nach Aristoteles in dem Leib auf. Diese Intelligenz hat keine Organe im Leib, es gibt nichts im Leib, was die Intelligenz als Organ braucht, sie ist also vollkommen leibfrei. Aber auf der anderen Seite ist die Intelligenz gerade die Form des Leibes. Das, was man als Mensch sieht, ist eine äußere Erscheinung dessen, was die Intelligenz tatsächlich ist. Und zugleich ist die Intelligenz nicht ein Instrument, um den Geist zu erkennen, sondern ist *der Geist selbst.* Das ist die Sicht von Aristoteles, und das ist eine Sicht in Bezug auf die Substanz, bei der man die Begriffe *Wesen* und *Erscheinung* braucht, dass nämlich das Wesen – sagen wir des Menschen – in seiner Erscheinung auch wirklich das *wird, was es ist.*

Nur gelingt dieses Werden, was wir wirklich sind, leider nicht. Dies ist unser Kampf, dass wir das noch nicht bis zur Vollkommenheit können oder dürfen. Es bleibt ein Teil, bei dem man nicht imstande ist, dasjenige, was aus der Vererbung kommt, was man also als genetisches Material bekommt, sich selbst gleichzumachen. Die Waldorfpädagogik beruht darauf, dem Kind so viel wie möglich Gelegenheit zu bieten, dies *doch* zustande zu bringen. Das ist das Grandiose der Waldorfpädagogik, dass dies eingesehen wird: dass das Menschenwesen, das erscheinen will, nicht vom genetischen Material bestimmt und behindert wird, sondern dass das Wesen das genetische Material in seinem Sinne und zum Guten gebraucht. Darin, im Wesen der Waldorfpädagogik, erkenne ich die Sicht von Thomas von Aquin und Aristoteles wieder.

Krankheit ist immer wieder der Kampf des eigentlichen Wesens des Menschen mit dem, was er antrifft, nämlich seinen genetischen Leib, der aus der Vererbungslinie kommt. Wenn man dies durchdenken kann, dann sieht man, dass Substanz das eigentliche Wesen ist, das auf Erden zur Erscheinung gekommen ist, dasjenige, was hier sichtbar wird.

Dann finden wir die Kategorie *Haben*, die Rudolf Steiner nicht „Haben“ nennt, sondern „Verhalten“. Das ist rätselhaft, es kommt die Frage auf: Warum sagt er nicht Haben, sondern Verhalten? Dann sieht man, dass es das *Verhältnis des Wesens zu seiner Erscheinung ist*; das also, was das Wesen in der Substanz an übrigen Kategorien an sich vollzieht, das ist das Haben. So sagen wir es auch. Wir sagen: Er hat blondes Haar und blaue Augen. Wenn man es aber als „Verhalten“ sieht, dann wird es etwas sehr Bewegliches, dann wird auch der Begriff „Besitz“ etwas ganz Anderes. Besitz bestimmter Eigenschaften, die man hat, wird dann etwas sehr Anderes, weil man dann sagt: Es ist nicht etwas, was an mir festsitzt, sondern etwas, was ich so will und was ich kann, wozu ich ein Verhältnis habe, es ist in Bewegung. Ein Verhältnis ist in Bewegung und etwas, was man hat, ist eine Affektion.

So kann man dann verstehen, dass die acht Kategorien, die Rudolf Steiner hier gibt, erst auf Erden zehn werden, und dann sogar zwölf, weil die Substanz als Erscheinung des Wesens ein Verhältnis zu allen übrigen Kategorien hat. So hat man dann das Erdendasein in den Kategorien Substanz, Haben, Wesen und Erscheinung. Man hat ein, man könnte sagen Merkmalsdasein, das in diesen übrigen acht Kategorien zum Ausdruck kommt. Das also, was in dem Spruch der Mysterien von Ephesus als kosmische Weisheit vom Menschen gleichsam mit in das Erdendasein genommen wird, genau das finden wir in den acht Kategorien von Aristoteles wieder.

Und wenn wir uns morgen weiter darin vertiefen, werden wir auch langsam anfangen, wirklich zu fühlen und zu erfahren, dass da der „Grund“ des Grundsteins liegt. Weil Rudolf Steiner 1924, nachdem er den Grundsteinspruch schon gegeben hat, dies in einem Vortrag bringt, wo er über die Mysterien von Ephesus, über Aristoteles' Erinnerung daran und über ein Neufassen dieser Mysterienweisheit in acht bis zehn Begriffskategorien spricht und er dann sagt: Eigentlich ist alles, was die Anthroposophie an Geisteswissenschaft gebracht hat, mit diesen Kategorien gefunden – liegt es dann natürlich nahe, auch zu wissen, dass der Grundsteinspruch, den er bei der Neubegründung der Anthroposophischen Gesellschaft als einen geistigen Grundstein gab, nachdem das physische Goetheanum, also das Gebäude, das einmal dagewesen war, in Flammen aufgegangen war, in Analogie zu dem Brand des Tempels von Ephesus zu sehen ist. Alles, was im Goetheanum anwesend war, ist in den Weltenäther eingeschrieben und von Rudolf Steiner als Grundstein als Fundament für die weitere Entwicklung der Anthroposophie zurückgegeben worden. Wenn er dann vier Monate später sagt: Eigentlich ist alles, was die Anthroposophie gefunden hat, mit diesen acht bis zehn Kategorien gefunden worden –, dann kann man allein schon daraus unmittelbar ableiten, dass es eine direkte Verbindung gibt zwischen den Kategorien, wie sie von Aristoteles in einer Erinnerung gefasst wurden, als der Tempel von Ephesus in Flammen aufging, und dem Grundstein, der als eine Erinnerung gefasst wurde, als das Goetheanum in Flammen aufging.

*

Fragenbeantwortung

Es wird eine Frage über acht, zehn und zwölf Kategorien und die Bedeutung dessen gestellt.

Aristoteles hat zehn Kategorien gegeben, einige nennt er einfach nur. Rudolf Steiner kommt mit acht und sagt dann acht oder zehn, aber zwei lässt er doch außer Betracht. Das sind die zwei, die mit dem Erdendasein zu tun haben. Substanz ist wirklich die physische Anwesenheit. Es ist nicht so, dass er diese zwei nicht wichtig findet, sondern die acht hängen mit den Mysterien von Ephesus zusammen. Die übrigen beiden gehören sicher hinzu, man kann das Ganze auch mit der kabbalistischen Weisheit in Verbindung bringen. Da hat man auch acht oder eigentlich neun, sagen wir menschliche Kategorien, und die zehnte ist das Reich, wo es sich abspielt. In diesem Gebiet des „Reiches“ muss man dann die Substanz sehen. Die Art, in der der Mensch die Eigenschaften im Reich der Erde hat, das ist die Kategorie Haben, wobei man bei Steiner das Wort „Verhalten“ findet, das viel beweglicher ist als das Wort Besitz. Es ist mehr ein Hantieren.

Frage: Bei der Kategorie Raum erwähnten Sie auch die Atmung, können Sie etwas mehr darüber sagen?

Ich meinte es hier wirklich sehr gewöhnlich, nämlich die Tatsache, dass man seinen Brustkasten ausdehnt und wieder zurücknimmt. Das, was man also in seinem Körper als Raumunterschied wahrnimmt, das ist die physische Grundlage für das Raumerleben, da erlebt man seinen Raum. Natürlich, wenn man in den Spiegel schaut, sieht man, dass man ein räumlicher Jemand ist, dass man nicht platt ist, dass man drei Dimensionen hat, aber das ist etwas anderes, als unmittelbar ein räumliches Bewusstsein zu haben. Man hat natürlich noch Sinnesorgane, mit denen man den Raum wahrnimmt, zum Beispiel das Gleichgewichtsorgan, aber das ist eine andere Art des Erlebens. Man hält sich als Mensch im Raum, man fällt nicht um, man kann seinen Stand bewahren. Und das kann man dank seines Gleichgewichtsorgans. Wie man vielleicht weiß, sind das drei kleine halbkreisförmige Kanäle, die wie der Raum in drei Dimensionen aufeinander stehen. Es gibt da also ein Abbild des Raumes im Innenohr, wo das Gleichgewichtsorgan liegt, und damit, das ist ein wundersamer Prozess, hält man sein Gleichgewicht, obwohl man der Schwerkraft unterworfen ist.

Wenn man die Atmung näher betrachtet, wie im Yoga, könnte man sagen, dass die Form der Mysterienweisheit früher mit dem Yoga erworben wurde, dass diese in die Zeit des Bildbewusstseins gehört, welches zur Zeit Platos an ein Ende kommt und langsam in ein Sinneserleben übergeht, welches immer schärfer wird, also das Erleben des äußeren Sonnenlichtes und der Farbe. Das Licht trägt in unserer Zeit die Weisheit, während es in der alten Zeit die Luft war. Damals war die Weisheit in der Luft, in unserer Zeit ist die Weisheit im Licht. Man kann also eigentlich mit der Atmung nicht mehr auf sichere Weise zur Weisheit kommen, man muss sich doch die Mühe machen, sie im Licht zu suchen, und das ist auch das Licht des Bewusstseins, des Denkens. Wenn man also sagt, „es geht mir ein Licht auf", dann ist es das Licht, das gemeint ist, das Einsichtslicht.

(Frage über die Reinkarnation). Du sagst: das ist nun einmal so, in der Anthroposophie, das muss man akzeptieren. Ich finde das einen sehr schwierigen Punkt. Aufgrund wovon müssen wir das akzeptieren?

Das braucht man gar nicht. Ich kann nur, wenn ich vor einem großteils anthroposophischen Publikum spreche, das nicht weglassen, weil es ein wichtiger Teil des ganzen Gedankenganges ist.

Man stelle sich vor, dass man imstande wäre, nachher, wenn man zuhause ist und sich auf einen Stuhl gesetzt hat, den Film von heute zurückzuspulen. Man denkt nicht daran, was man morgen tun wird, sondern man denkt: Jetzt sitze ich hier, davor war ich unterwegs, davor saß ich da und habe das alles gehört, und so weiter, bis man am Morgen angekommen ist. Ist man am Morgen angekommen und will weiter zurück denken, dann geht das nicht, da ist eine Lücke, im Bewusstsein. Das muss man dann wohl ehrlichkeitshalber zugeben. Da verschwindet etwas, was man da alles in dieser Nacht erlebt hat ... dann hat man also eigentlich Nichts. Dann kann man bis zum vorherigen Abend zurückgehen und dann wieder den Tag zurück. Angenommen, man hätte so viel Konzentrationskraft, dass man das für sein ganzes Leben tun könnte. Dann würde man an einem bestimmten Moment an einen Punkt kommen, von dem ab man angefangen hat, „ich" zu sagen. Das sieht man bei kleinen Kindern, sie sprechen sich erst mit ihrem Namen an, in der dritten Person, und auf einmal sagen sie *ich*, ich will das. Das ist ein ziemlicher Übergang. Und wenn man also bis dahin kommt und dann weiter zurückdenken könnte, dann würde man in der dritten Person auf sich selbst schauen, also wie es ein Kind macht. Das kann man nicht, da hört die Erinnerung auf. Da beginnt etwas ganz anderes.

Aber angenommen, man kann noch weiter zurück, dann kommt man zu dem Moment der Geburt. Nun ja, da hört dann gewöhnlich alle Erinnerung auf, über die Schwangerschaft hat man noch ein wenig Information von seinen Eltern, dann die Konzeption, und davor liegt genau so etwas wie die Nacht. Also genauso, wie man, wenn man den heutigen Tag zurückdenkt, an einen Punkt kommt, wo man sagt: da ist nichts, da ist die Nacht, aber ich war gestern Abend noch da, doch die Nacht ist weg. So kommt man, auch wenn man sich in gewöhnlicher Weise erinnert, an einen bestimmten Punkt, wo man sagt: da ist nichts, *also war ich nicht da*. Aber das ist natürlich die Frage, denn wenn man nicht weiter zurückdenken könnte als bis zur letzten Nacht, dann würde man auch denken, dass man vor dieser Nacht nicht da war. Weil man aber noch Erinnerungen an gestern hat, weiß man, dass diese Nacht – wo man zwar eine Bewussteinslücke hat, aber annehmen kann, dass man dennoch in seinem Bett gelegen hat – das eigene Dasein nicht auslöscht. Aber man kommt an einen Punkt, wo man sagt: Ich habe da kein Bewusstsein gehabt. Und wenn man sich dies im Großen vorstellt, dann könnte man sagen – nicht mit Sicherheit natürlich, aber man könnte es in jedem Fall offen lassen –: Ja, die Tatsache, dass ich von vor meiner Geburt nichts weiß, durch niemandem eine Information darüber habe, auch durch mich selbst nicht, heißt nicht, dass da nichts war. Vielleicht war ich auch da in einem solchen Bewusstsein, in dem ich auch heute Nacht im Schlaf war, so dass ich einfach nicht *weiß*, dass ich da war.

Wenn man dann auf Rudolf Steiner schaut, sein Werk liest, dann sieht man, dass er einen bei all diesen Dingen in dieser Weise Schritt für Schritt hindurchführt, dass man eigentlich dadurch all diese Dinge annimmt. Wenn jemand mit einem schrittweise vorgehenden Denken, von allen Seiten betrachtet, zeigen könnte, dass es wohl so sein muss, dass man auch da war, als man dieses Bewusstsein nicht hatte, dann würde man das möglicherweise annehmen.

Frage: Hatte Aristoteles eine Erinnerung von vor seiner Geburt? Ist das vergleichbar mit dem, worum es hier jetzt geht?

Nein, das Interessante ist – und das ist eigentlich auch das Besondere –, dass bei Aristoteles das Vorgeburtliche nicht vorkommt. Er sieht die menschliche Seele als bei der Konzeption geschaffen an, und dann danach fortlebend, jedoch nicht in einer Präexistenz wie bei Plato. Man kann natürlich sehr gut eine Erinnerung aus einem vorigen Leben haben und dies dann nicht als solche auffassen. Wir können es wirklich glauben, dass wir alle dies haben, dass wir alle sehr viele Erinnerungen aus früheren Leben haben, doch man weiß nicht, wann man dies hat und wann nicht. Man kann es also nicht festmachen. Wenn man auf einmal einen guten Einfall hat, dann denkt man: wie bin ich doch toll! Aber man fragt sich nicht, woher kommt das, wie kann es so etwas geben?

Frage: Könnte das dann auch eine weitgehende Erfahrung sein?

Ja, das ist möglich, dass jemand so konzentriert ist, dass er sich in einem bestimmten Moment an frühere Leben erinnern kann, dann kann er sich auch an die Zeit dazwischen erinnern. Und das ist es, was in den Mysterien von Ephesus geweckt wurde und was man jetzt auf diese Weise nicht mehr wecken kann, das geht nicht mehr.

Frage: In Ephesus waren es die Mysterien des Wortes. Wie ist die Beziehung dazu?

Das Wort wurde aufgefasst als gesprochenes Wort, Logos, aber auch als Gedanke, als Begriff, Logos. Das sind zwei verschiedene Bedeutungen von Wort. Wir kennen das Wort „Wort" vor allem als gesprochenes Wort oder als gelesenes Wort, aber das Wort, wie es im Logos wohnt, ist ein Begriffswort, und in diesem Sinne kann man sich vorstellen, dass das mit Ephesus zusammenhängt. Bei Aristoteles findet man gerade die Begriffskunst, die dann die Logik wird. In abstrakter Form sind dann die Wort-Mysterien als acht bis zehn Geheimnisse an uns weitergegeben.

Eine andere Sache ist, dass Plato den Dialog „Kratylos" geschrieben hat, das ist der Name dieser früheren Inkarnation von Aristoteles in Ephesus. In diesem Dialog mit Sokrates geht es vor allem um die Frage: Kann ein Wort auch verkehrt sein? Das ist dann so ein typisches Übergangsgeschehen; man sieht, dass das, wonach im Altertum überhaupt nicht gefragt wurde, nun auf einmal erörtert wird. Dass man sich fragt: Wie ist das eigentlich, woher kommen eigentlich Worte, und ist ein Wort immer richtig? Es ist großartig zu lesen, wie damit umgegangen wird. Kratylos hat von Anfang an die Überzeugung, dass ein Wort nicht falsch sein kann, weil ein Wort durch das Ding ausgesprochen und nicht auf abstrakte Weise gegeben ist. Er sagt: Wir haben diese Worte, weil das Ding einfach so klingt, und darum ist das Wort, was dazugehört, eine andere Form des Gedankens. Sokrates – es ist natürlich auch die Art der Vorgehensweise von Sokrates, dass er dies als Frage aufwirft – kommt mit vernünftigen Argumenten, kommt fast so weit, dass er Kratylos überzeugt, dass man doch auch Fehler mit Worten machen kann. Kratylos sagt zwar jedes Mal Ja, aber letztlich sagt er dennoch: Nein, ich finde es doch nicht, ein Wort kann nie falsch sein. Da sieht man schon in die moderne Zeit übergehen, was in den Mysterien von Ephesus noch hoher geistiger Logos war und was dann in Aristoteles zur Logik wird.

Frage: Können Sie noch weiter erklären, warum der Unterschied zur heutigen Zeit ist, dass man früher ein höher entwickelter Mensch sein musste, um weiter zu kommen, und jetzt nicht mehr?

Das hat damit zu tun, dass die Intelligenz eigentlich eine kosmische Tatsache ist – das ist auch wieder so ein „Statement", aber man kann es sich doch wohl vorstellen, wenn man bedenkt, dass die Welt eine bestimmte Ordnung hat und dass diese Ordnung intelligent ist, dass der Mensch mit der ihm zur Verfügung stehenden Intelligenz – das, was er dann ist – die Vereinigung mit dieser Weltordnung sucht; das wäre dann der Erkenntnisprozess. Wenn man dies in Reinheit tun würde, könnte man es nur insoweit, wie man selbst in Übereinstimmung mit dieser Weltordnung sein könnte. Allmählich jedoch ist die Intelligenz zum Menschen gekommen, ist das Denkenkönnen eine menschliche Fertigkeit geworden, mit allen egoistischen Möglichkeiten dessen. Mit dem Denken in unserer Zeit kann man wirklich das Krumme gerade denken und umgekehrt; wenn man nur gut genug argumentieren kann, kann man eigentlich alles begründen. Die Intelligenz ist abstrakt geworden. Sie steht, von der kosmischen Ordnung losgelöst, in der menschlichen Seele zur Verfügung für den eigenen Gebrauch. Auch die nicht entwickelte Seele oder der Mensch, der überhaupt nicht moralisch sein *will*, hat diese Intelligenz und gebraucht sie für eigene Ziele – und ist *nicht* in Übereinstimmung mit der Weltordnung.

ARBEITSGRUPPE
Rotterdam, 13. Oktober 2012

Ich habe heute ein großes Vorhaben. Wir haben uns die vergangenen drei Male mit den Kategorien nach Aristoteles beschäftigt, und an diesem Wochenende wollen wir versuchen, eine Umformung zu den aristotelischen Kategorien im Sinne Rudolf Steiners zu finden. Es wäre am besten, wenn wir das in seiner Totalität heute tun könnten. Dass wir auch wirklich die Zwölfheit oder zumindest die Neunheit oder Zehnheit so erleben können. Wir müssen versuchen, dies in den Abschnitten dieses Tages auch wirklich zu tun. Doch zuerst will ich fragen, ob es noch brennende Fragen gibt, die wir noch behandeln müssen.

Frage: Wie ist das Verhältnis zwischen Substanz und den übrigen Kategorien?

In dem Vortrag vom 22. April 1924 zieht Rudolf Steiner unmittelbar die Verbindung zwischen den Mysterien von Ephesus und den Kategorien. Der Spruch, der dann in den ephesischen Mysterien erklingt – wenn man von dem ersten Satz absieht, der mehr ein Atmen des Kosmischen ist –, gibt den Weg zur Erde an, das Anziehen des Ätherleibes, und das sind acht Schritte. Erst wenn die Seele auch wirklich den Erdenleib betreten hat, kommen die zwei Kategorien Substanz und Haben hinzu. Wenn man den Aufbau und den Inhalt dieses Vortrages miterlebt, dann sieht man, dass er da andeutet, dass das, was von den Mysterien von Ephesus in der Erinnerung des Aristoteles zurückkehrt, in acht Kategorien umgeformt wird, die damit in Übereinstimmung stehen. Das typisch irdische, was also nicht in jenem Spruch liegt, nur in dieser Bewegung des sich dem Raumessein und dem Zeitenwerden Weihens, die zwei übrigen Kategorien, haben auf der Erde ihren Platz.

Es bleiben also übrig: Haben und Substanz. Die Substanz *hat* die Merkmale, das sind die übrigen Kategorien. Das Verhältnis zwischen der Substanz und ihren Merkmalen ist die Kategorie *Haben*. Das ist etwas Bewegliches, darin liegt Entwicklung. Es ist nicht so, wie wenn man ein Haus hat, obwohl diese Form von Haben auch dazugehört. Es ist so etwas, wie wenn man eine Eigenschaft hat, weil man sie entwickelt hat, oder haben kann, weil man sie gerade entwickelt. Es ist ein bewegliches Haben, ein Entwicklungsaspekt. Es ist ein „Verhalten", wie es Rudolf Steiner nennt.

Frage: Sie sagten gestern, dass die Anthroposophie eigentlich aus den Kategorien heraus aufgebaut ist. Das habe ich später nicht mehr genau verstanden. Ich kann mir darunter nichts vorstellen.

Rudolf Steiner hat das selbst so in diesem Vortrag vom 22. April 1924 gesagt, der in dem Band „Mysterienstätten des Mittelalters" steht. Im zweiten Teil der Vorträge, die er in der Osterzeit gehalten hat, gibt Rudolf Steiner den Vergleich mit dem Lesen von Buchstaben und dem Kombinieren von Buchstaben zu Worten und sagt dann: Wenn man die Kategorien rein als inhaltliche Begriffe studiert, wie es in der Philosophie üblich ist, dann macht man dasselbe, wie wenn man buchstabieren lernt, also die Buchstaben kennenlernt. Man macht nicht den nächsten Schritt, nämlich mit den Buchstaben auch Bedeutung lesen zu wollen. Das ist bei den Kategorien dasselbe. Wenn man sie also nur als getrennte Grundbegriffe behält, hat man Buchstaben, aber man kann nicht lesen. Das Lesen kommt durch das Kombinieren der Kategorien zustande. Das ist Lesenlernen in der Weltenschrift, wobei die Buchstaben dann keine Buchstaben sind, sondern Begriffe. Das machen wir natürlich auch fortwährend, wir sind fortwährend unbewusst damit beschäftigt, mit den Kategorien – auch wenn man jemandem zuhört – die Grundbegriffe zu lesen. Je weniger man durch seine Persönlichkeit daran gehindert ist, desto reiner kann man lesen. Man kann sich vorstellen, dass das so weit gehen kann, dass man einen Weg findet – und das werden wir heute zeigen –, wo man die Kategorien nicht mehr nach außen richtet, sondern auf die eigene Seelenwelt, in der die Geistwelt lebt. Dann hat man natürlich trotzdem das Problem der Persönlichkeit, die gerade da den Ton angibt, doch wenn man so weit kommen kann, dass man die Grundbegriffe rein in der Seele kennt, dann kann man damit auch „musizieren" lernen. Es gleicht mehr der Musik als der Begriffskunst.

Man kann sich vorstellen, dass die ganze Weisheit der Anthroposophie auf diese Weise erlangt wurde: indem mit der Seele dem Geist gelauscht wurde. Es ist eine *Wissenschaft* geworden, weil es ein Begriffsgeschehen und nicht eine Totalität von Visionen ist. Das ist ein großer Unterschied, ob man eine Weisheitslehre hat, die auf Visionen beruht, oder eine Weisheitslehre, die auf Begriff beruht, wobei dann derjenige, der sie aufnimmt, ihr mit dem eigenen Begriff und Begreifen folgen kann, also nichts anzunehmen braucht, weil alles begriffsmäßig zu verfolgen ist. Wenn man dann in diesen Begriffen bleiben kann und sie nicht mit der Subjektivität verdirbt, kann jeder dies aufnehmen. So muss man es sehen.

Man kann jedoch nicht ohne Weiteres sagen, dass man mit den Begriffen, die für die äußere Welt gelten, Quantität, Qualität usw., auch wirklich, so wie sie sind, nach innen gehen kann. Man muss dafür eine Übersetzung finden. Und diese wird in den Mysterien von Ephesus gewiesen. Man kann, wenn man die Anthroposophie gut kennenlernt, immer wieder drei Hauptkategorien wiederfinden: das sind die Kategorien des *Denkens, Fühlens und Wollens.* Das sind die Grundimpulse der Seele, und man darf erwarten, dass man darin, wenn man sich selbst im Denken, Fühlen und Wollen kennenlernt, die Kategorien wiederfindet. Das darf dann natürlich nicht durch ausgedachte Vorstellungen geschehen, sondern indem man *im Erleben selbst* findet, was sie sind.

Und dann ist es nicht so einfach – denn es ist sehr experimentell, was wir heute tun werden –, gleich zu wissen, wo man am besten beginnen kann. Ich habe für den Beginn *das Fühlen* gewählt, weil es uns am nächsten ist. Der Mensch lebt mit seinem Bewusstsein doch vor allem im Gefühl. Alles, was man im gewöhnlichen Leben an Gedankenleben hat, ist bewusst gewordenes Gefühl. Erst wenn man den Erkenntnisprozess in Gang setzt, kommt man in das Denken hinein, aber wie gesagt steckt noch sehr viel Gefühl darinnen. Wenn man seine eigene Seele und die Kategorien, die darin leben, in die Hand bekommen will, dann ist es wichtig, *da* anzuknüpfen, wo man am meisten „sitzt". Da man andererseits im Gefühl viel weniger Klarheit als im Denken hat, spräche einiges dafür, beim Denken anzufangen. Doch wir nehmen die Mitte, wir nehmen das Gefühl, und ich will Sie bitten, einmal eine kurze Innenschau zu halten und zu sehen: Wie sind eigentlich die eigenen Gefühle in diesem Moment, was fühlt man; und vielleicht kann man auch noch bedenken, woher es kommt, dass man sich so fühlt: Man kann auch noch bedenken, ob man sich eigentlich so fühlen will, ob man vielleicht eine Möglichkeit hat, sich willentlich anders zu fühlen, als man sich fühlt. Das sind also drei Dinge. Das Erste ist zentral das Fühlen: Was fühle ich in diesem Moment, wie sind meine Gefühle? Das Zweite ist: Weiß ich, worauf sie beruhen, was sie bedeuten? Und das Dritte ist: Will ich mich so fühlen, und gibt es eine Möglichkeit, dieses Fühlen anders zu haben, kann ich es verändern, kann ich, mit Absicht, ein anderes Gefühl in mir wecken? Wir vertiefen uns also zuerst in das jetzt real anwesende Gefühl.

Mit Gefühl meine ich mehr die Stimmung, die Gefühle, ist man glücklich oder unglücklich, empfindet man Leid oder fühlt man Glück, diese Art von Gefühl. Wenn man das dann aber nicht so spezifiziert hat und man schaut, was hier in der Gruppe über das Gefühl gesagt wird, dann sieht man, dass es subjektiv ist, dass es Gefühle des Subjekts sind, buchstäblich, das meine ich mit subjektiv, also nicht die Interpretation, sondern dass das Subjekt sich selbst fühlt. Ich fühle mich, aber ich kann *Sie* nicht fühlen, also Sie fühlen sich, und ich fühle mich. Ich könnte auch eine Übung machen: ich will jetzt einmal Sie fühlen; aber das machen wir jetzt nicht – wir fühlen jetzt uns selbst; man fühlt, was man fühlt, und das *ist* das Fühlen des eigenen Subjekts, das meine ich mit subjektiv. Auch wenn man dies ins Körperliche übersetzt, ist Ihr Herzschlag doch ein anderer als meiner, und was Sie fühlen, ist also etwas anderes als das, was ich fühle. Er sagt: Ich fühle hier Ruhe; sie sagt: ich fühle hier Aufregung. Das ist ein ziemlich großer Unterschied. Das kann sehr gut ein jeweils anderer Aspekt derselben Sache sein, aber die Übersetzung in das Gefühl ist ganz und gar subjektiv, und zwar wirklich real subjektiv, also nicht interpretierend subjektiv, sondern wirklich vom Subjekt aus.

Darum ist eigentlich eine Grundhaltung, die wir hier haben müssten, das Absehen von allen Interpretationen; das, was jemand sagt, rein als das nehmen, was es ist, ohne dass man dem etwas hinzufügt. Man kann sehr gut jemanden sagen hören „ich habe eine Aversion", und es dann interpretieren und dabei selbst ein Gefühl bekommen, aber man kann es auch einfach so nehmen, wie es ist. Also das wäre sehr schön, wenn wir hier so miteinander umgehen könnten, dass wir das Erstere nicht miteinander tun, dass man also nicht weiter darauf eingeht, als nur wahrzunehmen und aufzunehmen, was der Andere sagt, und wenn er sagt „ich bin ruhig", dann ist man also ruhig, und was das genau bedeutet, das kann man als Mitmensch am besten interpretieren, wenn man es *nicht* interpretiert, wenn man es also einfach als das nimmt, was es ist. Dann hat man die meiste Chance, auch mitfühlen zu können, was es ist, denn die Interpretation stört es unmittelbar.

Wenn man sogleich mit dem Interpretieren beginnt, hat man eigentlich schon festgelegt, was es ist, und das war es vielleicht überhaupt nicht. Wir wissen, dass weitgehende Depressionen durch eine Kleinigkeit entstehen können, die nicht entdeckt wird. Dass in einem Menschenleben etwas geschieht, was natürlich eine sehr große Bedeutung hat, sonst könnte es nicht so wirken, was aber objektiv gesehen nicht so ein besonderes Etwas ist. Dann kommt ein Prozess in Gang. Könnte in relativ kurzer Zeit darauf zurückgeschaut und gefragt werden: Wo hat das angefangen?, dann würde in dem Moment, in dem man sieht, wo es begonnen hat, diese Depression vorüber sein. Doch wenn man jahrelang damit lebt, ohne diesen Punkt zu kennen, dann wird es ein Prozess an sich. Das ist Gefühlskunde, könnte man sagen.

Was ich hier jetzt machen wollte, ist: Wir haben alle ein Gefühlsleben, und wir können dem eine kurze Besinnung widmen. Wir sehen dann, dass man hier mit bestimmten Gefühlen sitzt – oder aber mit Gemütsruhe, das heißt keine Gefühle –, dass man darauf schaut, dass man davon etwas wissen kann und dass man daran vielleicht auch etwas verändern kann, dass man einen Willen hat, in seinem Gefühl die Stimmung anders zu machen, als sie war. Das sind drei Aspekte des Fühlens: das Fühlen selbst, das Fühlen des Fühlens; dann das Bedenken des Fühlens und das Wollen des Fühlens. Man findet dann innerhalb dieser Gefühlswelt eine Dreigliederung, wobei die Oberseite auf das Denken weist, die Unterseite auf den Willen, und die Mitte ist das Fühlen an sich. Wenn man dies weiter vertiefen will, könnte man zuhause einmal etwas länger hierbei verweilen. Man setzt sich hin und fühlt, was man fühlt. Man benennt es *nicht*, sondern wird es gewahr. Das ist die *Gefühlsseite* des Fühlens. Dann schaut man, was diese Gewahrwerdung einem eigentlich zu sagen hat. Hier geht es darum, dass wir hier miteinander einen Eindruck des Gefühlslebens bekommen, das eine Wahrnehmung des Subjekts ist; wenn man es zu bedenken anfängt, kommt eine gewisse Objektivität hinein – wobei die Wahrheitsfrage dann sehr die Frage ist: ob es stimmt, was man denkt. Man kann mit dem Denken dann auch versuchen, aufzuspüren, wann das Gefühl begonnen hat, das ist die *Denkseite* des Fühlens. Und man hat die *Willensseite* des Fühlens, wobei man sich zuerst fragt: Ist es in Übereinstimmung mit dem, was ich will, und kann ich mit meinem Willen diese Gefühle auch steuern? Dies ist der subjektive Teil des Gefühlslebens, aber es gibt auch einen objektiven Teil im Gefühlsleben. In diesem objektiven Teil des Gefühlslebens verbringen wir den anderen Teil unseres Tageslebens, damit sind wir fortwährend beschäftigt, und eine Reinigung der Seele würde bedeuten, dass man da Klarheit hineinbringt, dass man Klarheit in die Frage bringt: Was ist nun subjektiv, was ist Wahrnehmung meines Subjekts, und was ist objektives Gefühl? Wenn man dann jemandem gegenübersteht und man bekommt ein Gefühl, würde man auch wirklich wissen: das ist von mir oder das kommt von außen.

Das ist die Reinigung des Gefühlslebens.

Dann versuchen wir, die objektive Seite des wollenden Fühlens zu finden.

Ich muss dann immer nach etwas suchen, *womit* wir das machen können. Man will die Andacht auf ein objektives Gefühlsleben festigen, und dann ist die Frage: Was kann man als Ansatz nehmen, um das zu tun? Man muss etwas haben, um es tun zu können. Und so kommen wir immer wieder zu denselben Dingen, wir haben dies schon in verschiedenen Gruppen gemacht, jedes Mal mit demselben Ziel, aber nicht immer von demselben Gesichtspunkt aus. Wir werden Farben wahrnehmen.

Es geht nicht um Waldorffarben oder um Goethes Farbenkreis oder um die Abbildung der Seele in dem Hexagramm von Steiner. Es geht darum, dass wir etwas haben, was wir *wahrnehmen* können. Und diese Farben sind ziemlich auffallend, es kostet also nicht so viel Mühe, sie wahrzunehmen. Es kommt darauf an, dass wir nur wahrnehmen, man soll also eigentlich vermeiden, mehr zu tun, als wahrzunehmen. Man soll nicht denken: Hier sind so viele Leute, oder das ist das, ich finde es schön oder ich finde es hässlich. Man nimmt nur wahr, reines Aufnehmen also, ohne zu denken: es ist nicht ganz genau ein Sechseck, oder was man alles denken kann, es spielt hier keine Rolle, es geht nur darum, dass man *wahrnimmt.*

Dann lese ich einmal einige Gedanken Goethes über die Farbe gelb, als Beispiel für ein objektives Fühlen:

„Es ist die nächste Farbe am Licht. Sie entsteht durch die gelindeste Mäßigung desselben, es sei durch trübe Mittel, oder durch schwache Zurückwerfung von weißen Flächen. Bei den prismatischen Versuchen erstreckt sie sich allein breit in den lichten Raum, und kann dort, wenn die beiden Pole noch abgesondert von einander stehen, ehe sie sich mit dem Blauen zum Grünen vermischt, in ihrer schönsten Reinheit gesehen werden. Wie das chemische Gelb sich an und über dem Weißen entwickelt, ist gehörigen Orts umständlich vorgetragen worden.

Sie führt in ihrer höchsten Reinheit immer die Natur des Hellen mit sich, und besitzt eine heitere, muntere, sanft reizende Eigenschaft.

In diesem Grade ist sie als Umgebung, es sei als Kleid, Vorhang, Tapete, angenehm. Das Gold in seinem ganz ungemischten Zustande gibt uns, besonders wenn der Glanz hinzukommt, einen neuen und hohen Begriff von dieser Farbe; so wie ein starkes Gelb, wenn es auf glänzender Seide, z. B. auf Atlas erscheint, eine prächtige und edle Wirkung thut.

So ist es der Erfahrung gemäß, daß das Gelbe einen durchaus warmen und behaglichen Eindruck mache. Daher es auch in der Mahlerei der beleuchteten und wirksamen Seite zukommt.

Diesen erwärmenden Effekt kann man am lebhaftesten bemerken, wenn man durch ein gelbes Glas, besonders in grauen Wintertagen, eine Landschaft ansieht. Das Auge wird erfreut, das Herz ausgedehnt, das Gemüth erheitert; eine unmittelbare Wärme scheint uns anzuwehen."

Diese Farbe Gelb, die hier auf dem Boden ausgebreitet liegt, ist nicht unbedingt ein Vorbild dessen, aber worauf ich hinweisen will, ist zunächst, dass wir wahrgenommen haben und dass wir eine Gewahrwerdung bei den verschiedenen Farben gehabt haben. Meine Frage ist: Könnt Ihr das, kann man eine Farbe wahrnehmen, ohne dabei Gedanken zu bilden, und rein in der Gewahrwerdung sein?

In dem Moment, wo man es in sich selbst ausspricht, ist es schon Gedanke, aber es ist natürlich eine andere Art von Gedanke als zum Beispiel eine solche Betrachtung von Goethe über das Gelb, dies geht schon weiter in Richtung Denken. Während, wenn man sagt, ich fühle eine Frische, die Gewahrwerdung einer Farbe sehr nahe ist.

Wenn man dies intensiv macht, kommt man in die Richtung einer meditativ erkennenden Tätigkeit, und dann lernt man erleben, was man genau macht; dann beginnt man, zu bemerken, dass man in jedem Fall nicht denkt, dass man beim Wahrnehmen zwar gefühlsmäßig involviert ist, dass es aber bei dieser Wahrnehmung und dieser Gewahrwerdung eigentlich doch vor allem der Wille ist, der sich einsetzt. Das kann man in einem bestimmten Moment wirklich als eine Kraftwahrnehmung haben. Man fühlt, dass das in den Gliedern sitzt, man ist also mit dem Willen in der Wahrnehmung, aber es *ist* ein Gefühl, das man gewahr wird.

Wir müssen das Wort *Wille* noch verdeutlichen: Ich meine damit Einsatz; nicht Wunsch. Es ist also nicht das, was man sich wünscht, sondern mehr das, was man tut. Hier ist es das Tun in der Wahrnehmung, und dieses Tun ist immer gefühlsmäßig, aber mit einer sehr starken Willensseite. Das kann im Laufe der Übung so verschärft werden, dass man das wirklich objektiv gewahr wird. Jetzt muss ich es doch als Tatsache hinstellen, aber es ist von jedem, der das will, mit der Zeit zu erleben, nachzumachen: Wenn man in der Wahrnehmung und in der Gewahrwerdung dieser Wahrnehmung ist, dann ist man im *wollenden Fühlen.* Der eigene Einsatz lebt im fühlenden Tasten, könnte man sagen.

Wir müssen auch noch etwas anderes unterscheiden, nicht nur Tun und Wunsch, sondern auch noch Wille als Aktivität an sich und

Intentions-Wille. Also intentioneller Wille, nämlich, dass man *selbst will.* Wenn man die reine Sinneswahrnehmung hat, dann macht das die Wahrnehmung. Man hat natürlich seine Andacht, seine Aufmerksamkeit. Das ist die Willensseite, aber was noch weiter an Willenswirkung da ist, ist die Gewahrwerdung. Wenn man also sagt, ich habe meine Aufmerksamkeit zu sehr auf diese hellen Farben gerichtet, jetzt muss ich diese dunkleren Farben wahrnehmen, dann ist das Intention, das macht man selbst; das ist auch notwendig, sonst ist es ungleichgewichtig. Aber es ist eigentlich eine Folge von dem, was man wahrnimmt, worauf man dann reagiert. Der Sinneseindruck an sich liegt in einem Gebiet der Aktivität.

Wenn man alles zur Ruhe gebracht hat und einfach ruhig wahrnehmen und in sich aufnehmen kann, dann bemerkt man erst, dass im Fühlen ein *objektiver* Wille steckt, dass man also diese Farben eigentlich fühlt, aber dass man sie wollend fühlt, und das ist dann nicht der eigene Wille. Der eigene Wille macht zwar mit, aber er fügt sich in das Objektive. Wenn man dann vorstellt, bringt man einen ganz anderen Willen auf. Wenn wir versuchen, dieses Wahrnehmungsgeschehen wirklich gewahr zu werden, bemerken wir, dass diese Wahrnehmung unmittelbar mit Raum zu tun hat. Dafür braucht man den Raum. Man macht die Wahrnehmung im Raum.

Man kann den räumlichen Aspekt dabei nicht bestreiten. Wenn man vorstellt, geht das sehr wohl, dann kann man vom Raum absehen. Wenn man jedoch wahrnimmt, ist der Raum dabei eine absolut notwendige Kategorie. Und so wird in dieser Umformung der Kategorien nach innen das wollende Fühlen in Verbindung mit dem Raum gebracht, mit dem Raum-Erleben.

Die Farbe an sich ist natürlich die Kategorie Qualität, aber was wir jetzt tun, ist das nicht, wir nehmen die Farbe als Material, um etwas anderes zu entdecken. Wenn wir mit den Sinnen wahrnehmen und nicht etwas anderes tun, also nicht vorstellen, nicht nachdenken, sondern nur gewahrwerden, was man an den Farben gewahrwerden kann, erfährt man, dass die sinnliche Wahrnehmung auf Raum beruht, sie wird durch Raum getragen. Und auch wenn man den Raum nicht als etwas Wesentliches, sondern nur als ein leeres Etwas sehen könnte, müsste man dennoch erkennen, dass alle Sinneswahrnehmungen durch den Raum getragen werden.

Im Weiteren haben wir versucht, die objektive Wahrnehmung und Gewahrwerdung zu vergessen, das geht zunächst nicht so einfach. Man hat noch eine Nachwirkung, man hat vielleicht sogar Gegenfarben gesehen, das ist objektive Nachwirkung der Gewahrwerdung. Aber dann kommt die Möglichkeit, eine Vorstellung zu formen. Und dafür gilt dasselbe, was ich für das Gewahrwerden und das wollende Fühlen gesagt habe. Wenn man das Vorstellen besser kennenlernt und dann das Vorstellen rein vollzieht, bemerkt man: Vorstellen ist das Fühlen, das reine Fühlen; es ist die Kraft des Fühlens, mit der man es tut.

Man kann eine Erinnerungsvorstellung haben, diese Erinnerung steigt auf und bringt einen dann in eine Vorstellung, und das ist Gefühlsaktivität, das sitzt wirklich ganz in der Mitte der Mitte. Die Vorstellungsaktivität verläuft in der Zeit; wenn man also einen Eindruck von realer Zeit bekommen will – ich sagte gestern, dass die Zeit etwas ist, was uns entgeht –, wenn man in das Vorstellen untertaucht, dann kann man nicht umhin, zu sehen, dass es in der Zeit verläuft. Ein Objekt liegt im Raum, doch die Vorstellung hat man nicht im Raum, die hat man im Zeitverlauf.

Was man nach außen hin als Raum erfährt, das ist gleichsam zur Seele hin umgestülpt das Wollen des Fühlens. Und damit wird man auch den Raum gewahr, das ist auch der räumliche Sinn. Die Ausdehnung, die der Raum hat, wird man gewahr, weil man im Fühlen wollen kann. Den Verlauf der Zeit wird man gewahr, weil man im Fühlen fühlen kann. Dem kann man auf die Spur kommen, so wie wir es gemacht haben, indem wir das Gefühl fühlten, aber das ist das Fühlen des eigenen Subjekts. Das wollen wir nicht, wir wollen mehr in die Objektivität hinein. Vorstellungen sind etwas anderes als Gedanken und Begriffe. Vorstellungen brauchen auch keine Bilder zu sein, eine Erinnerung an ein Musikstück kann auch zur Vorstellung werden. Die Erinnerung an ein Gespräch oder ein Gespräch, das wir führen wollen, wobei man dann innerlich spricht, das sind auch Vorstellungen. Das spielt sich rein im Gefühl ab, und es verläuft in der Zeit, da kann man am unmittelbarsten Fühlung mit dem Zeitverlauf bekommen.

Das Erleben des Unterschiedes zwischen Raum und Zeit ist das Erleben des Unterschiedes zwischen zwei Kategorien. Es ist eine andere Welt, mit der man es zu tun hat, je nachdem, ob man im Raum oder in der Zeit ist. So verschieden sind die Kategorien, man kann sie nicht miteinander vermischen. Man kann sie sehr wohl kombinieren und ineinanderarbeiten. Der Rhythmus zum Beispiel, der Atemrhythmus, ist ein Geschehen von Raum und Zeit, doch an sich als Begriff, als Grundbegriff, sind die Kategorien Raum und Zeit verschiedene Welten.

Zusammengefasst: Wir hatten also das Gewahrwerden mit den Sinnen, das ist das *wollende Fühlen*. Dann haben wir das Vorstellen gehabt, das ist das *fühlende Fühlen*. Wenn man zum *denkenden Fühlen* geht, ist ein Beispiel dafür dasjenige, was ich von Goethe vorgelesen habe, der sehr gefühlsmäßig bleibt, aber objektiv in dem Sinne, dass es keine subjektiven Vorlieben sind. Er beschreibt im Gefühl, was an Gedanken darinnen lebt. Man hat dann das Denken des Fühlens. Das ist ein nächster Schritt.

Das Zeiterleben sitzt namentlich im Vorstellen selbst. Wenn man vorstellt, versucht man, das Bild, was man hier gesehen hat, in der Vorstellung zurückzurufen. Das verläuft in der Zeit. Das ist dann eigentlich die Tätigkeit, die in der Zeit verläuft.

Wenn man vorstellt, hat man gewiss nicht den Eindruck, dass man ganz und gar wissen kann, was man tut – das ist doch etwas, was sich einem entzieht. Es ist eine Art Wunder, dass man imstande ist, das, was man da gesehen hat, wieder in einer Vorstellung abzubilden. Man besinne sich einmal darauf, was für ein Wunder das ist!

Es wird gefragt, wie man wissen kann, dass Vorstellen ein Fühlen des Fühlens ist.

Das geht natürlich doch erst aufgrund eines Übens, wobei man es oft macht und dies mit einer Schulung im Denken kombiniert, wobei die Denkkraft viel „höher“ sitzt als das fühlende Fühlen. Man stützt sich bei dem Gewahrwerden dieser verschiedenen Prozesse auf das *„Kraftdenken“*. Normal gesprochen, wird man diese Prozesse nicht als Prozesse gewahr. Man weiß zwar, dass sie da sind, aber man fühlt sich nicht in seinem Organismus, man weiß nicht genau, was es ist. Wir können das nicht in einem Tag zustande bringen. Ich muss doch bestimmte Dinge einfach sagen, aber sie hängen wirklich mit konkreten Entdeckungen zusammen, die man innerhalb der verschiedenen „Funktionen", die man als Mensch hat, machen kann, wobei man verstärkt gewahr zu werden beginnt, wo das sitzt und was es ist.

Das Vermögen, anhand der sinnlichen Wahrnehmung rein gewahr zu werden, ist eine wollende Gefühlsaktivität; wenn man das dann in sich selbst abbildet, ist man im Gebiet des reinen Gefühls, aber dann objektiv. Denn man ist natürlich zu einem großen Teil doch damit beschäftigt, etwas abzubilden, was wirklich so ist. Und wenn dann allerlei Unbequemlichkeiten eine Rolle spielen, wie: ich will nicht, oder ich habe dazu keine Lust, oder ich will diese Farbe nicht – dann ist das natürlich subjektiv. Aber die Tatsache, dass man als Mensch das Vermögen hat, eine solche äußere Wahrnehmung innerlich wieder zurückzurufen, das ist etwas, was man nicht ganz durchschauen kann. Man kann vorstellen, aber wie man es genau macht, das weiß man im gewöhnlichen Leben nicht.

Aus den Fragen geht hervor, dass es schwer ist, Vorstellen und Denken als Elemente des Fühlens zu sehen.

Dann hat man vielleicht einen etwas minderwertigen Eindruck vom Fühlen, denn warum sollte das fühlende Fühlen nicht eine innere Anlage sein können, um so etwas zustande zu bringen?

Das Vorstellen ist ein Fühlen, und das Bedenken dieser Vorstellung ist Denken. Das wirkliche Denken geht noch darüber hinaus. Man ist hier eigentlich im Gebiet des allgemeinen Menschseins, wie es in unserer Zeit ist. Das Denken des Gefühls ist dasjenige, was wir Verstand nennen, und das Vorstellen ist die Vorbereitung darauf. Die Willensseite ist die Wahrnehmungsseite. Das ist das mehr Objektive des menschlichen Gefühlslebens. Das eigentliche Denken muss noch kommen. Ich meine nicht in der Welt, da ist es natürlich, aber als Mensch muss man es noch entwickeln.

*

Nun versuchen wir, das eigentliche *Denken* zu erreichen. Wir haben das Denken im Vorstellen und das denkende Fühlen, aber wir können noch weiter gehen, wir können das Denken an sich *wollen.* Wir haben das Fühlen gewollt, das Fühlen gefühlt und das Fühlen gedacht, und nun versuchen wir, das *Denken zu wollen.*

Ich habe dies als Ausgangspunkt meiner Ausführungen in „Suche das Licht..." genommen. Dort habe ich eine einfache mathematische Vorstellung genommen, die zum Begriff geworden ist, und sodann habe ich versucht, deutlich zu machen, dass man, wenn man diesen Begriff denkt, das Denken *wollen* muss, dass das ein *Tun* ist. Da kommt also wirklich das Tun an die Reihe. Der Begriff war der Begriff des Kreises. Man kann den Kreis wahrnehmen, man kann ihn sich vorstellen, man kann allerlei Gedanken darüber haben, aber man kann ihn auch als Begriff im Denken an sich haben, und zwar so, dass man das Denken wirklich in Gang setzt. Dass man sagt: Ich will jetzt diesen Begriff denken. Man kann das auch weniger bewusst wollen. Es kann zum Beispiel sein, dass man es muss, weil man es studieren muss, aber man kann innerlich auch einen Schritt machen und sagen: Ich will jetzt den Kreis als Begriff denken. Dann wird das Denken ein *Tun*, dann wird es eine Aktivität. Dann ist es nicht mehr Vorstellung als Abbild, auch nicht mehr Gedanke anhand der Vorstellung, sondern dann wird es aktiv geformter Begriff.

Wenn man diesen Begriff denken will, kann man das auf verschiedene Weise tun. Man kann die Worte denken, mit denen man diesen Begriff zum Ausdruck bringt, doch dann darf man nicht an den Worten hängen bleiben, dann muss es natürlich dennoch so sein, dass man den wirklichen Begriff des Kreises aus diesen Worten loslöst und diesen auch wirklich denkt. Man sagt: Ein Kreis ist eine Menge von Punkten in der Ebene, die alle denselben Abstand zu einem Punkt in dieser Ebene haben. Das kann man nachsprechen, man kann es auch auswendig lernen, aber dann hat man den Begriff des Kreises natürlich nicht, die Worte an sich sind nur ein Instrumentarium, um den Gedanken zu fassen. Dieser Gedanke ist im Zirkel zu einem Instrument geworden. Da hat man den Mittelpunkt und diesen bestimmten Abstand, der dann diesen Kreis zieht. Im Zirkel steckt also eigentlich der Radius, der Abstand zwischen Umkreis und Mittelpunkt. Als Instrument hat er den Begriff in sich; es ist ein äußerlicher Gebrauchsgegenstand, der auf dem Begriff beruht. Aber die Schwierigkeit ist, dass man, wenn man das begriffsmäßige Denken lernen will, so denken müsste, dass man nicht mehr das Vorstellen des Kreises hat, auch nicht mehr das Aufsagen der Worte hat, und dass man dennoch noch den Begriff hat, dass man aktiv denken kann. Das werden wir probieren. Wir können auch schwierigere, kompliziertere Begriffe nehmen. Das ist einerseits leichter, weil man dann das *Tun* mehr gewahr wird, aber andererseits auch schwerer, weil man dann in dem Fassen des Begriffes stecken bleiben kann, während das Begreifen der Gesetzmäßigkeit eines Kreises doch eigentlich für jeden auf der Hand liegt. Also lassen Sie uns das versuchen: Wir denken die Gesetzmäßigkeit des Kreises, das ist der Begriff; und wir versuchen auch, zu wissen, dass wir ihn denken. Man will das, man will diesen Begriff denken. Und zwar nicht, weil man es wünscht, sondern weil man die Absicht hat, es zu tun.

*

Wir haben also die Verstandes- und Gemütsseele, diese ist vorherrschend, und die Bewusstseinsseele, mit deren Entwicklung wir beschäftigt sind. Mit dem Verstand befindet man sich im Gefühlsgebiet. Doch das Denken geht darüber hinaus.

Man hat natürlich Momente echten Denkens. Aber man kann es auch in eine Kultur bringen. Erst dann wird es wirklich zum Eigentum, dann gehört es zu einem selbst. Wenn man das mit den Einsichten von Aristoteles und Thomas von Aquin in Verbindung bringt, könnte man sagen, dass man sich erst dann zu seinem eigenen Wesen erhebt, denn dieses Wesen wirkt intelligent. Das ist großartig, ich kann sie wirklich mit dem Gemüt genießen, diese Aussprachen von Thomas von Aquin, wenn er zum Beispiel darlegt, was aus seiner Sicht die Sünde ist. Er tut das auf eine sehr spezielle Weise, er kommt immer erst mit allem, was *für* ein bestimmtes Prinzip spricht, dann kommt er mit dem, was dagegen spricht, und dann sagt er „ich sage" – und nun kommt, was er selbst von diesen beiden Seiten nimmt und was er darüber hinaus noch bringt. In der Frage über die Sünde sagt er dann: Der Mensch ist ein intelligentes Wesen; Sünde ist, wenn er seine Intelligenz nicht gebraucht. Das also ist eigentlich Sünde, nach Thomas von Aquin.

Dann kann man sich vorstellen, dass man, wenn man es mit Aristoteles und Thomas so anschaut, sagen kann: Der eigentliche Mensch ist die Intelligenz, aber nicht eine All-Intelligenz, nicht etwas, was für alle Menschen gleich ist, sondern ein wirklich sehr individuell intelligent wirkendes Wesen. Wenn man sich übend dahinein begibt, erhebt man sich zu sich selbst. Das heißt nicht, dass, wenn der eigene Intellekt – ich würde also nicht sagen ein Intelligenzquotient, sondern ein Intellektquotient –, wenn dieser niedrig ist, dass die *Intelligenz* nicht zu erreichen wäre. Das muss man sehr gut unterscheiden, denn man hat Menschen mit einem glänzenden Intellekt, die nicht intelligent sind, und man hat Menschen, die als dumm gelten, aber außergewöhnlich intelligent sind. Es ist wirklich etwas anderes. Aber es ist sehr wohl so, dass diese Intelligenz mit der Moralität, vor allem aber mit der Entwicklung der Seele zusammenhängt. So kann man sich vorstellen, dass es Menschen gibt, die sich schon sehr weit bis zu dieser Intelligenz hinaufgearbeitet haben, und dass sie irgendwo in einem Dorf in den Bergen ein völlig unscheinbares Leben führen. So jemand geht nicht zur Universität, um die Intelligenz weiter mit Inhalt zu füllen, sondern die Intelligenz im moralischen Sinne wird weiter entwickelt und hat dann ihre Wirkung in der Welt, ohne dass es äußerlich wirklich deutlich sichtbar wird.

Aber dieses Denken eines Begriffes – und sei er noch so einfach –, ohne Vorstellung und ohne Gedanken darüber, das ist ein ausgesprochen innerliches *Tun*, dafür muss man sehr aktiv werden, aber man muss eigentlich all das, was man normalerweise tut, zurücklassen, *es ist ein Tun an sich im Gebiet der Intelligenz.*

Der Geist ist nicht etwas Vages oder Unbestimmtes, sondern gerade die Klarheit des Denkens an sich. Wenn man sich zum Geist erhebt, wird man kein Schwärmer, sondern man kann gerade im Denken immer klarer und konkreter wirken. Nur muss man versuchen, sich selbst so weit zu bringen, dass man denken kann, ohne noch weiter die gewöhnlichen Organe des Leibes – wie die Sinne und alles, was man an Vorstellungen hat – zu gebrauchen. Die Vorstellung hängt noch unmittelar mit den Sinnen zusammen. Darum versucht man, das abzulegen, diese Vorstellung, weil man in ein Gebiet von Intelligenz kommen will, die nicht mehr unmittelbar mit den Organen des Leibes verbunden ist. Man kann sich dann noch fragen, ob das wohl möglich sei, aber das ist eigentlich nicht nötig, denn wir können diese Experimente aus Interesse für das, was ein Mensch alles kann, einfach machen, und dann kommt man schon dahinter, ob man dann noch von seinem Leib Gebrauch macht oder nicht, da kommt man wirklich dahinter.

Das reine Tun haben wir hier. Ein Tun, das nicht mehr mit äußerem Tun zusammenhängt, sondern ein rein geistiges Tun ist, wobei es deshalb so rein ist, weil man vollkommen durchschaut, was man will, und sodann auch, was man tut. Darin liegt nichts mehr, was noch dunkel wäre; wovon man noch sagen müsste: ich weiß nicht, wie dies zustande kommt – wie man es bei der Vorstellung hat. Man hat eine Vorstellung, oder man formt eine Vorstellung, aber man kann nicht wissen, wie das in einem zustande gebracht wird. Wenn man den Begriff des Kreises denkt und man dies immer mehr losgelöst von allen Vorstellungen und allen Worten vermag, dann kommt man in ein Gebiet, wo man sehr wohl exakt durchschaut, was man will und auch was man tut, wo nichts mehr unerhellt ist. Da gibt es keine Finsternis mehr, kein Gebiet, von dem man sagt, wer weiß, wo das herkommt. Man ist das, was man tut, so ganz und gar selbst, dass es zwischen dem Denker und dem Gedanken keine Trennung mehr gibt.

Ich werde einen Abschnitt von Aristoteles vorlesen, aus seiner „Metaphysik", wo er Gedanken über das Überwesen, also das Göttliche entfaltet. Das Interessante ist, dass man in einem solchen Abschnitt sieht, dass er sich einerseits mit seinen Kategorien ganz im physisch-sinnlichen Erkenntnisprozess bewegt und dass er andererseits bestimmte Vorstellungen von dem Göttlichen entwickelt, wobei man gewahr wird, dass er dieses Göttliche nicht mehr so unmittelbar wahrnimmt, worin man aber doch auch etwas erlebt, was eigentlich wirklich ein logischer Gedankengang darüber ist, wie das Göttliche sein müsste. Es ist also ein erstes Beispiel von Logik, angewendet auf die Religion, dann aber ist es keine Religion, dann ist es Philosophie. Es ist noch immer logisch, obwohl man sagen muss: Nun ja, er macht schon auch Gedankensprünge.

„Das Denken an sich ist auf das gerichtet, was das Beste an sich ist, und das Denken, das in strengstem Sinne Denken ist, ist auf das gerichtet, was in strengstem Sinne das Beste ist. Der denkende Geist denkt sich selbst kraft seiner Teilnahme an dem, was gedacht wird. Denn er wird gedacht, indem er den Gedanken ergreift und denkt, so dass der denkende Geist und das Gedachte dasselbe sind. Denn das, was für den Gedanken und für das Wesen empfänglich ist, das ist der denkende Geist. Und er kommt zur Verwirklichung, indem er es sich zueigen macht, so dass dies Letztere mehr als Ersteres das ist, was man dem denkenden Geist an Göttlichem zuschreibt. Darum ist die Betrachtung das Angenehmste und Beste. Wenn nun der Gott immer in diesem seligen Zustand ist, in dem wir manchmal sind, ist das wunderbar. Wenn er darin in einem noch höheren Zustand ist, ist dies noch wunderbarer. Auch Leben ist in ihm, denn die Verwirklichung des denkenden Geistes ist Leben, und der Gott ist diese Verwirklichung in höchster Form. Und seine Wirksamkeit an sich ist das höchste, ewige Leben. So sagen wir auch, dass Gott das ewige, höchste lebende Wesen ist, so dass der Gott ein zeitloses Dasein in sich hat. Gerade das ist der Gott."

Hier entfaltet der Grieche Aristoteles ein Gottesbewusstsein, tut dies denkend, und der Olymp mit seinen Göttern ist hier unsichtbar. Das ist etwas sehr Besonderes, dass man hier eine griechische Betrachtung über das Göttliche hat und dass die Bilderkraft des Olymps mit seiner Götterwelt nicht mehr zu finden ist. Hier beginnt also die Zeit, in der Gott nicht mehr als ein Bild erfahren werden kann, sondern als ein Bewusstsein, als etwas, was man bedenken kann und worin man dann mit seinem Gefühl leben kann, aber nicht mehr in dieser reichen Bilderwelt, wie sie bei den Griechen noch so stark anwesend war.

„Der denkende Geist kommt zur Verwirklichung, indem er es sich zueigen macht." Das ist tatsächlich das, was man tut, wenn man einen solchen Begriff wie den des Kreises denkt. Zuerst nimmt man dies doch von außen auf, aber dann macht man sich diesen Begriff so zueigen, dass es ein Denken an sich wird; also ein Denken, das losgelöst vom Sinnlichen ist, losgelöst von der Welt, ein ganz in sich selbst aktives Denken. Man fühlt, wie man da in ein Gebiet kommt, in dem man gewöhnlich nicht ist, dass der Boden unter den Füßen etwas zu schwinden beginnt, dass man sich also ermutigt fühlt, ein Gebiet zu betreten, das man nicht gewohnt ist und wo man also den Boden unter seinen Füßen erst noch schaffen muss. Durch die innere Aktivität wird man mit diesem Gebiet schließlich so bekannt, dass man darin sein kann, ohne dass diese Ohnmacht oder diese schwindelerregende Leere, die man zunächst erfährt, es einem unmöglich macht.

Aber wir müssen noch höher, wir sind noch nicht hoch genug, denn wir haben jetzt den Willen im Denken gefunden, nun müssen wir noch versuchen, das Denken zu fühlen, zu erleben. Und das geht nicht, wenn das Denken nicht schon eine gewisse Stabilität gefunden hat. Man kann versuchen, mit seinem Denken in einem größeren Gedankengang, zum Beispiel einem rein philosophischen Gedankengang, zu verweilen, so dass man ebenfalls nicht im Sinnlichen ist. Man kann versuchen, darin mehr oder weniger zu wandeln, sich darin zu bewegen, und man kann dann die Bedeutung dieses Gedankens, in dem man darinnen ist, zu erleben versuchen. Man fühlt, wie weit man dann über das gewöhnliche alltägliche Wahrnehmen und Denken hinausgeht. Wenn man einen Begriff nimmt, den Begriff des Kreises, und man denkt diesen aktiv, kann man ebenfalls versuchen, das, was in einem dann wirkt, zu erleben. Doch wenn man nichts hat, was in einem wirkt, kann man auch nichts erleben. Man muss dann also einen Inhalt haben, etwas suchen, an dem etwas zu erleben ist, während es dennoch nicht aus den Sinnen kommt. Darum ist die „Philosophie der Freiheit" ein Übungsbuch, mit dem man sich im Denken an sich und im Erleben des Denkens an sich immer mehr zuhause fühlen kann, wenn man Zeile für Zeile versucht, jedes Mal den Gedanken zu fassen, der darin liegt, und versucht, ihn dann selbstständig nachzudenken und zu erleben. Aber das hat nur Sinn, wenn man sich so weit aus jenem Gefühlsgebiet lösen konnte, dass man nicht mehr in sein gewöhnliches Meinungs-, Urteils- und Vorstellungsgebiet hineinkommt, denn dann tut man natürlich auch etwas; dann versucht man vielleicht, dieses Gebiet reiner zu machen, aber man kommt nicht in dasjenige Gebiet, das oberhalb des Gefühlslebens wirklich *Denken an sich* ist.

Wir können es versuchen. Wir denken noch einmal den Begriff des Kreises, so vorstellungsfrei und sinnlichkeitsfrei und wortfrei, wie es geht, und gehen dann über zu einem Erleben dessen.

Es gibt natürlich eine Art Vorzeichen. Wenn man etwas begreift, eine schwere Aufgabe oder so etwas, die man auf einmal durchschaut, dann erlebt man daran etwas. Das ist eine Art Vorschau, könnte man sagen, von dem, was dann später stabil werden kann, als das wirkliche Erleben des Begriffes. Dann hat man auch Gefühl, anhand des Begriffes. Das könnte sich ausdehnen, dann wäre es nicht mehr so schnell vorüberziehend, sondern könnte eine stabile Erfahrung werden.

Dann haben wir die höchste Stufe erreicht, und das wird in der kabbalistischen Mystik die Krone genannt; die *Krone* ist das Denken des Denkens. Darüber haben wir in der Anthroposophie viele Texte, die uns helfen können, dies zu erfassen. So gibt es diesen Text aus „Goethes Weltanschauung", den ich schon verschiedene Male in Büchern zitiert habe, unter anderem in „Anschauen des Denkens", wo Rudolf Steiner sagt: Goethe hat in einem bestimmten Moment, indem er so viele Pflanzen in ihren verschiedenen Formen und Wuchsqualitäten angeschaut hatte, eine *Idee* der Urpflanze; eines Pflanzenwesens, das allen Pflanzen zugrunde liegt, jeder Pflanze ihre Form gibt, in all ihrer Verschiedenheit. Und so, sagt Steiner dann, wie nach tausendfältigen Pflanzen *eine* Pflanze gefunden werden kann, die alle übrigen umfasst, nämlich diese Urpflanze, so ist auch nach tausendfältigen Ideen, Begriffen, noch *eine* Idee, ein Begriff zu finden, in dem alle übrigen Begriffe umfasst sind, und das ist der Begriff des Denkens selbst. Und das führt er dann weiter, diesen Begriff des Denkens, und führt ihn gleichsam noch weiter empor in das Gebiet der Freiheit.

Die eigentliche Freiheit also liegt in einem Gebiet, das so weit von dem gewöhnlichen Erleben des Menschen entfernt ist, dass es sehr begreiflich ist, wenn vielfach die Vorstellung besteht, dass Freiheit nicht existiere, weil man überhaupt nicht in dieses Gebiet kommt, man kann es überhaupt nicht so hoch denken, wo die Freiheit dann wirklich liegt. Zugleich kann man sich vorstellen, dass im gewöhnlichen Dasein doch auch bisweilen diese Freiheit aufleuchtet, doch man weiß dann nicht, dass man kurz in der Krone seines Wesens gewesen ist. Tatsächlich aber liegt im Denken des Denkens die allerhöchste Verwirklichung des Menschen, und das ist der Ausgangspunkt für die Anthroposophie. Wenn man das in einer Kategorie unterbringen wollte, könnte man wohl mit Recht sagen, dass man da in dem *Wesen* ist. Nicht in der Substanz, nicht in dem auf Erden erscheinenden Wesen, sondern im Wesen an sich.

So, wie man zu einer Verstärkung des *Erlebens* des Begriffes kommen kann, kann man auch zu einer Verstärkung des *Bewusstseins dieser Freiheitsmomente* kommen, und dann ist man erst wirklich frei. Dann würde man erst wirklich frei sein.

Man könnte sagen: Im Denken des Denkens findet man die Leere. Aber man hält den Begriff, das ist ein großer Unterschied. Man denkt keine Vorstellung mehr, keinen Begriff in Worten, man hat alles abgelegt. In diesem Sinne ist es Leere. Aber der Begriff ist noch da, in seiner Wirkung. Das Sich-Aufrechterhalten in dieser Wirkung ist natürlich doch von Übung abhängig bzw. hängt damit zusammen. Denn es ist ein Gebiet, in dem man normalerweise nicht lebt und wo man auch unmittelbar wieder „herausfällt"; wenn man etwas länger versucht, sich darin zu halten – wenn es einem schon gelingt –, dann fällt man wieder zurück. Es entspricht also eigentlich der Meditation, nur spielt es sich im exakten Denken ab, nicht in Bildern oder Sprüchen. Doch die Konzentration auf einen Inhalt, der völlig sinnlichkeitsfrei ist, hat man hier sehr wohl. Nur muss man ihn ganz selbst *machen* und dann dafür sorgen, dass er sinnlichkeitsfrei ist und bleibt. Das Denken ist dann nicht inhaltslos, es hat *sich selbst* als Inhalt.

Man betritt ein neues Gebiet. Indem man das Menschenwesen kennenlernt, wie es in seiner zeitlichen und in seiner ewigen Form existiert, kommt man in ein Gebiet, wo also wirklich das eigene Menschsein lebt, worin man aber zunächst nicht zuhause ist.

Wenn man dies tut, dann bedeutet das nicht den Inkarnationsprozess. Die Individualität inspiriert und intuiert und imaginiert, sie ist also da, während man vorher davon überhaupt kein Wissen hat. Man erlebt in seinem Leben zwar alles mit und stellt natürlich auch verschiedene Fragen, man hat vielleicht überhaupt kein Bewusstsein, was für einen Sinn und für eine Bedeutung das Leben hat. Man kann die Schicksalsschläge, die man durchmacht, nicht einordnen. Doch man könnte sich vorstellen, dass dies alles Wirkungen desjenigen sind, mit dem man jetzt in Kontakt kommt, wenn man sich über sich selbst zu erheben beginnt. Über sich selbst, aber dann doch *in* sich selbst.

Die Individualität kommt in das Bewusstsein, und das ist etwas anderes, sie wird nicht Fleisch, auch nicht Sinn.

Wenn man „Inkarnieren" sagt, meint man damit, dass dasjenige, was man eigentlich ist, wirklich bis in das alltägliche Dasein hinein fortwährend mitspricht. Aber so geschieht es nicht. Was man hat, ist das Gebiet der Unfreiheit, darin ist man inkarniert. Das ist das physische Dasein, mit einem Teil des Lebensleibes und seiner Seele, und das geschieht einfach, wie es geschieht. Nun findet man ein Stück Freiheit in sich, und damit erhebt man sich zu seinem eigentlichen intelligenten Wesen. Dieses eigentliche intelligente Wesen ist die Form des eigenen Leibes, aber es ist nicht der Leib und wird es auch nicht. Es ist eher anders herum: „Das Fleisch muss Wort werden." Dadurch aber wird dann zugleich das ganze Erdendasein durchgeistigt und „verbessert". Man kann sein Schicksal besser tragen, besser gestalten, die eigene Seele wird reiner, der Leib gesünder, der soziale Umgang bekommt einen besseren Verlauf.

*

Einst werden wir so weit kommen, dass wir die Kategorien mit den Tönen in Verbindung bringen können und man dann die Verwandtschaft sehen, erleben, hören kann zwischen dem, was reines Begriffsdenken ist, und dem, was Musik ist. Wir haben hier schon verschiedene Male besprochen, wie Rudolf Steiner anhand der Orphischen Mysterien deutlich gemacht hat, dass in Orpheus Apollo gewirkt hat und dass er mit der Musik etwas gebracht hat, was dann so in die menschliche Seele hineingewirkt hat, dass daraus in unserer Zeit das reine Denken entsteht. Die Übungen, die wir mit den Begriffskategorien machen, könnte man also auch als *Töne* auffassen, die schließlich zu einer Symphonie, einer Weltensymphonie, Sphärenharmonie zusammenklingen können würden.

Aber so weit sind wir noch nicht, wir müssen erst noch viel weiter in unserem eigenen Vermögen vordringen, um zu fühlen und dann das Fühlen zu fühlen, zu wollen, zu denken. Dann nach oben hin das Denken eigentlich erst wirklich lernen, es ausüben, erleben und auch kennen lernen. Doch das ist dann ein ganz anderes Kennen als das Kennen der Außenwelt. Es ist ein Denken, das ganz in seinem eigenen Element verläuft. Wenn man das Denken denkt, denkt man nicht über etwas Anderes, sondern man denkt über dasjenige, womit man auch arbeitet. Da, in diesem Gebiet müssen wir uns vorstellen, dass da das eigentliche *Wesen* lebt, und das wird in der Krone ins Bild gebracht. In der Offenbarung des Johannes steht ein Satz: „Haltet gut fest, was ihr habt, lasst niemanden eure Krone nehmen." Er steht in dem Brief an die Gemeinde in Philadelphia. Das ist ein sehr deutlicher Aufruf, sich nicht der Krone berauben zu lassen, so dass man auch mit dem Bewusstsein wirklich darinnen sein kann. Denn sonst kann es sein, dass einem diese Krone abgenommen wird, während man überhaupt nicht weiß, dass dies geschieht.

*

Nun müssen wir uns in das *Wollen* vertiefen. Das Wollen ist natürlich ein Gebiet, das noch viel weiter von der bewussten Einsicht entfernt liegt als das Fühlen. Aber wir haben vor der Pause ein verstärktes Denken entwickelt. Ich meine natürlich nicht, dass wir es *wirklich* entwickelt habe, aber wir haben einen Blick darauf erhalten, wir sehen, dass es entwickelt werden kann; und wenn es da ist, dann kann man auch dieses höhere Denken mehr oder weniger dazu gebrauchen, bewusster in das Willensgebiet vorzudringen. Dann wird sich herausstellen, dass es ein Wollen des Willens gibt, ein Fühlen des Willens und ein Denken des Willens.

In diesen drei untersten Gebieten der Menschenseele befinden sich auch drei wesentliche Kategorien. Mit wesentlich meine ich, dass das wirklich sehr verschiedene Welten sind, wie es sich uns auch in Bezug auf den Raum und die Zeit ergeben hat. So kann man auch im Willensgebiet verschiedene Kategorien finden. Wir nehmen das mittlere Gebiet zuerst, und das ist das Gebiet der *Qualität*, das Fühlen des Willens. Wir hatten zuvor das Wollen des Fühlens und hatten darin unsere Gewahrwerdung. Wir haben gesagt, dies hat mit dem Raum zu tun. Da war schon die Schwierigkeit, dass, wenn man etwas mit den Sinnen wahrnimmt, das Qualitäten sind. Aber die sinnliche Wahrnehmung selbst ist keine Qualität; nur das, was man mit diesen

Sinnen wahrnimmt, ist Qualität. So haben wir mit den Sinnesorganen die Farben wahrgenommen und uns vor allem auf die Gewahrwerdung gerichtet. Nun will ich das noch einmal mit Ihnen machen, nun aber nicht auf die Gewahrwerdung gerichtet, sondern auf die Qualitäten. Auf die Erscheinung Farbe als Qualität. Dann wird man merken können, dass man, wenn man Farbe als Qualität erlebt, in einem Fühlen des Wollens ist.

Man kann natürlich nicht eher sagen, dass es Qualitätswahrnehmungen sind, als bis man sie wahrnimmt. Man muss sie natürlich erst wahrnehmen und dann versuchen, zu erleben, dass diese Farben Qualität oder Eigenschaft sind.

Beim ersten Mal haben wir beim Ansehen der Farben also versucht, nur gewahr zu werden. Nun geht es wirklich um das *Wahrnehmen* der Farben, wobei man eine Art umgekehrte Situation hat: Man hat nicht, dass man fühlt und darin den Willen gewahr wird, sondern hier ist es so, dass man den Willen entfaltet und diesen gleichsam *befühlt.* Es ist also nicht die *Gewahrwerdung* der Sinneseindrücke, sondern es sind vielmehr die Sinneseindrücke selbst, die man erlebt. Das ist viel schwieriger, weil man in das Willensgebiet hineinkommt, in dem man für gewöhnlich mit dem Bewusstsein überhaupt nicht dabei ist. Jetzt versuchen wir also, davon doch etwas aufzufangen, und so kommt man in das eigentliche Leben der Sinne hinein, das schon zum Physischen hingeht. Man kann auch auf Töne hören. Das ist vielleicht noch leichter als mit dem Auge – zu erleben, dass es ein Fühlen von Willensaktivität ist. Ton hat ein Willenselement, und dieses befühlt man. Das ist Qualität. Das ist im ganzen Sinnesorganismus der Fall. Die Empfindungsseele lebt so, dass sie fühlt und dieses Fühlen *will.* Das qualitative Element findet man im Fühlen des Willens. Wenn man das mit einem anthroposophischen Terminus benennt, sagt man, das ist der Ätherleib, da hat man es mit dem Willen, der Aktivität zu tun, die man befühlt.

Wenn man hoch oben im Denken geübt hat, den Willen in das Denken zu bringen, hat man den Willen ins Bewusstsein gebracht. Und wenn man die Willenskraft im Bewusstsein kennen gelernt hat, kann man diese Willenskraft auch im Willensgebiet wieder finden. Wenn man diesen Willen auf die Wahrnehmung von Orange richtet, dann fühlt man, dass dieser Wille eine andere Gestalt annehmen muss, als er es tut, wenn man Rot anschaut. Das heißt, man erlebt, dass man es im Wahrnehmen mit einem Sinnesorgan wirklich mit Willenswirkungen zu tun hat, die unterschiedlich sind, unendlich variierend. Man bemerkt, wie man das mit seinem Gefühl abtastet und dass dies die Wahrnehmung ist. Das bedeutet nicht, dass man dann tatsächlich in einer farblosen oder tonlosen Welt lebt, sondern dass man dasjenige, was als Wille, als Formkraft wirklich in den Dingen lebt, in der Wahrnehmung mit seinem Gefühl abtastet.

Man weiß nicht, dass man es so macht. Man kommt auch nicht dahinter, weil man nicht imstande ist, wahrzunehmen, was der Ätherleib macht. Das kann man erst, wenn man meditative Erfahrung hat, wenn man Kraft in das Denken hineingebracht hat. Wenn das Denken so verstärkt worden ist, dass es nicht mehr diesen Spiegelcharakter hat – den es für gewöhnlich allein hat, indem es *Schein ist* – und dass es nicht mehr nur im Fühlen des Fühlens und Denken des Fühlens lebt, sondern darüber hinaus Kraft erlangt hat. Dann ist man in den Ätherkräften des Hauptes, und wenn man diese nach unten führt, in die Sinneswahrnehmung hinein, bekommt man ätherische Wahrnehmungen von dem, was man mit den Sinnen wahrnimmt.

Es wird in der Gruppe über das Nicht-Erleben-Wollen dieser Dinge gesprochen.

Man kann davon ausgehen, dass in jeder Sinneswahrnehmung, die man macht, der Wille sich entfaltet und gefühlt wird – dadurch weiß man, was man sieht, hört. Nicht, dass man es in Gedanken weiß, sondern dadurch hat man die Wahrnehmung. Wenn man das bewusst macht, als Übung, wie wir es jetzt tun, und man hat dann einen Widerwillen, einen *Anti-Willen*, dann muss man das so auffassen, dass man kein Bewusstsein davon bekommen *will*. Warum sollte man das nicht wollen – denn man tut es immer, man kann überhaupt nichts sehen oder hören, ohne diesen Willen einzusetzen. Damit nimmt man alles wahr. Wenn man es also nicht will, dann muss das heißen: Ich will das nicht ins Bewusstsein bringen, ich will mich darauf nicht einlassen. Anders könnte ich es nicht verstehen. Nicht-Wille steckt im

Vorstellen und im Gedankenleben, mit dem man die Dinge abbildet und eigentlich aus sich heraussetzt; das ist eine Bewegung von Nicht-Wille. Was wir dagegen jetzt getan haben, ist eine Umarmung, diese fühlt man, und das ist die Wahrnehmung.

Der eigene *Wille* nimmt die Gestalt der Farbe an, das tut man von selbst. Und das ist es, was man langsam wahrnehmen können würde, dann hat man ein ganz anderes Wesen der Wahrnehmung vor sich, man beginnt zu fühlen, wie anders der eigene Wille ist, wenn man Rot wahrnimmt oder wenn man Orange oder Grün wahrnimmt.

Das eigene Kraftwesen, Willenswesen, nimmt verschiedene Gestalten an, und das befühlt man. Das ist die Wahrnehmung. Es hat einen anderen Charakter, wenn man schaut, und wiederum einen anderen Charakter, wenn man hört, fühlt, tastet, und so kann man eine ganze Sinneslehre entwickeln, die dann wieder anders ist, als ich sie in dem Buch „Das Menschliche Mysterium" entwickelt habe. Man beginnt, die Differenzierungen in seinem Willens-, in seinem Kräftesystem, seinem Einsatz, zu fühlen. Der Eigenwille nimmt die Form des Objekts an. Das ist die eigene Wahrnehmung. Der eigene Wille nimmt die Form an, die Orange hat. Das befühlt man, und darum weiß man, dass es Orange ist, auch wenn man in sich nicht sagt, „dies ist Orange".

Dem geht ein mehr allgemeiner Willenseinsatz voran. Man richtet seinen Willen, seine Andacht auf die Farben, und mit diesem verstärkten Richten wird man sich dieses Richtens des Willens bewusst. Das ist der erste Schritt, er ist zuerst noch undifferenziert, man kann nicht den Unterschied zwischen diesen verschiedenen Willen wahrnehmen, es ist immer derselbe Wille. Doch dieser wird anders, je nachdem, ob man auf die eine oder andere Farbe schaut; das nimmt man zuerst nicht wahr, aber man nimmt wohl wahr, dass man seinen Willen richtet. Das ist der erste Schritt, der nächste ist dann, dass sich dies differenziert.

Wenn man einen meditativen Weg im Denken geht, übt man das. Was wir hier jetzt machen, ist, die Andacht mehr abstrakt auf diese Prozesse zu richten, um eine Vorstellung davon zu bekommen, wie die verschiedenen Prozesse wirken. Aber man kann sich vorstellen, dieses Vermögen auch wirklich selbst zu haben, es hängt mit dem Verstärken der Aufmerksamkeitskraft im Allgemeinen zusammen. Das Verstärken der Konzentrationskraft im Denken führt dazu, dass der Wille im Denken immer bewusster wird, und dieser wird dann natürlich auch im Willen bewusst, allmählich auch in dem eigenen Willenswesen, wo die Kraft sitzt. Dann beginnt man, dies wahrzunehmen. Zuerst, *dass* es so ist, und danach kann man diese Verfeinerungen wahrnehmen. Man kann sich vorstellen, dass ein Mensch wie Goethe das sehr differenziert konnte, ohne zu wissen, dass er es so machte. Goethe ist in diese Prozesse nicht erkennend vorgedrungen, aber er hatte natürlich ein sehr verfeinertes Vermögen, diese Wahrnehmungen zu machen.

Zusammengefasst:

Wir haben mit dem Fühlen des Fühlens und dem Wollen des Fühlens angefangen. Wollen des Fühlens war die Gewahrwerdung, Fühlen des Fühlens ist Gemüt und Verstand, ja Vorstellen.

Das Denken des Fühlens ist die Bewusstseinsseele. Also das Wollen des Fühlens ist Gewahrwerdung, das Fühlen des Fühlens ist Vorstellen, das ist das Gebiet von Gemüt und Verstand, und dann bekommt man das *Be*denken des Fühlens, die Bewusstseinsseele. In der heutigen Zeit sieht man eine sehr ausgesprochene Sehnsucht, zum Psychologen zu gehen. Man will das Gefühlsleben bedenken, und das hat eine objektive Seite. Wo man also die Vorstellungen, die da sind, mit Denken durchdringt. Dann ist man also noch nicht in einem höheren Gebiet. Was wir nun in diesem Willensgebiet machen, ist, dass wir das, was das Denken an sich ist, diese Kraft, die wir da dann gesammelt haben könnten, zurückführen, um die Willenswelt wahrzunehmen. Das geht höher, das geht in Richtung Geistselbst, Lebensgeist und Geistesmensch.

Man braucht die Denkkraft, um sich dessen, was man im Willen von selbst macht, wirklich bewusst zu werden, so dass es schließlich sogar einen vollkommen wissenschaftlichen Charakter bekommen könnte, wenn man es sehr konsequent beschreiben könnte. Dann braucht man wohl Mitwissenschaftler, die auch zu diesem Krafterleben im Denken kommen, sonst wird gesagt: Nein, das kann man zwar sagen, aber das ist Unsinn. Man bekommt dann eine andere Wissenschaft mit aktiven Wissenschaftlern, die nicht nur denken, sondern die das auch ausführen wollen...

Frage: Wie ist die Beziehung zwischen dem Kennenlernen des Willens in dieser Weise und der Eurythmie?

Die Bewegungen des Leibes sind nicht bewusst zu erreichen, sie befinden sich im eigenen Willenswesen, und in diesem schläft man. Man kann diese mit der Eurythmie sichtbar machen, und man kann es, wenn man selbst Eurythmist ist, in seinem leiblichen und seinem Seelenwesen auch erleben, aber das *Kraftwesen* des Willens kann man nur erleben, indem man Kraft in das Denken hineinbringt. Wenn man es auf eine andere Weise erreichen will, besteht die große Gefahr, dass man etwas tut, was überhaupt nicht gut ist. Im Denken kann dies nicht geschehen, weil man da genau *weiß*, man ist da vollkommen bewusst, und in diesen anderen Gebieten nicht. Darum weist Rudolf Steiner selbst immer wieder auf die Wichtigkeit hin – auch für den Künstler –, das Denken in Entwicklung zu bringen. Es hat darüber sogar sehr krasse Aussagen gemacht.

Begriffskunst, wenn der Wille ins Denken gebracht wird, üben wir hier. Wenn man das beherrscht, ist man als Mensch in einem künstlerischen Zustand. Auch wenn man überhaupt kein Künstler ist, ist die Begriffskunst das Tor zur Kunst. Es gibt Vorträge, in denen Steiner sagt: Das Arbeiten mit der Begriffskunst, zum Beispiel in der „Philosophie der Freiheit", ist eine Gymnastik der Seele, ein seelisches Turnen. Was wir hier jetzt machen, ist dies ebenfalls, wir sind jetzt mit einem Turnen in unseren gewöhnlichen Seelenerlebnissen beschäftigt. Steiner verwendet dasselbe Wort, als er die Eurythmie beschreibt, das nennt er auch ein seelisches Turnen, doch da meint er nicht, dass es eine Gymnastik *der* Seele ist, sondern dass es Gymnastik *mit* Seele ist. Es ist aber genau derselbe Ausdruck, und das ist natürlich nicht ohne Grund. Ich kann mir nicht vorstellen, dass er nicht gewusst hätte, dass er da genau denselben Ausdruck verwendet. Wenn man wirklich zu einer Willensaktivität im Denken kommt und dies erleben lernt, so dass man das Denken in seinen Bewegungen zu sehen beginnt, dann wird das Denken ein bewegliches Gebiet, und dieses bewegliche Gebiet ist Eurythmie, aber dann im Denken. Das seelische Turnen kann sich also wirklich nach zwei Seiten hin gestalten.

Als nächste Übung wird versucht, das Wollen zu *denken.*

Das Willensgebiet ist nicht nur ein Kraftgebiet, sondern ist doch auch ein Gebiet der Instinkte und Begierden. Wenn man sich dann auf ein Denken des Willens besinnt, kommt man in dessen Nähe. Man sagt: Ja, was Willensaktivität ist, in dem Moment, wo das gedacht wird, entsteht eine Unzufriedenheit, die Neigung des Menschen, zu vergleichen. Nicht ein Vergleichen im wissenschaftlichen Sinn, sondern Vergleichen in willensmäßigem Sinn, in dem, was man ist, was man kann, was man hat. Das ist die unmittelbare Charakteristik der Seele, die leiblich ist, also des Astralleibes. Es ist noch nicht Gewahrwerdung oder Vorstellung oder Gedanke oder etwas noch Höheres geworden, sondern entfaltet sich physisch, hat dennoch schon etwas von Denken. Hier liegt die Kategorie *Relation*, im Sinne von Selbsterkenntnis.

In positivem Sinne sitzt hier natürlich auch das Streben. Man braucht doch auch ein Vergleichen, um streben zu können, sonst würde man das nicht machen. Wenn alles gleich ist, gleich erlebt wird, bekommt man keinen Impuls, etwas entwickeln zu wollen. Die Unruhe der Seele sitzt hier, die keine Ruhe in dem findet, wie es nun einmal ist; dies ist ein fortwährendes Wollen mit Gedanken.

Man könnte sich vorstellen – weil in dieser rein leiblichen Seelenwelt sich der Erkenntnisprozess noch so abspielt wie im ältesten Altertum, ist der Überbau noch nicht da, das wirklich bewusste Gewahrwerden mit der Vorstellung, dem Gedankenleben und dann dem Begriffsdenken, das noch darüber hinausgeht –, dass man in dieser Empfindungsseele Bilder braucht, um unterwiesen zu werden.

Das ist zwar Seele, aber doch noch verbunden mit der physischen Anlage. Da kann man von Freiheit eigentlich nicht sprechen, denn da geschehen die Dinge, wie sie nun einmal angelegt sind.

Aus der gewöhnlichen Lebensentwicklung heraus geht man schon darüber hinaus, denn dies ist eigentlich die Pubertät, es ist typisch Pubertät, das Keine-Ruhe-Finden bei dem, wie es ist, sondern fortwährend Unruhe mit allem, mit sich selbst, mit der Umgebung. Das wird auf eine natürliche Weise mehr oder weniger zur Ruhe gebracht, wenn man aus der Pubertät herauskommt. Es wird mit dem Übergang zum Erwachsensein von selbst besser. Aber man ist natürlich mit bestimmten Eigenschaften begabt, und wenn man sich selbst entwickelt, bekommt man auch die „Macht", Veränderungen in dem Gegebenen zu bewirken, innerhalb der Grenzen von: Was muss ich hinnehmen und was kann ich verändern?

Frage: Wo muss ich mir dann den leiblichen Willen denken?

Diesen muss man wirklich in dem Wollen des Willens suchen, also das ist das Tiefste des Tiefsten, was es gibt. Es grenzt an das Ätherische, wo es Leben umfasst und also Prozess ist, wo das Leben das Physische lenkt; der rein leibliche Wille, der Instinktwille ist wollender Wille. Das Bezeichnendste für den wollenden Willen ist die Reproduktion. Wenn man das *Wollen* selbst noch *will*, dann liegt da eine Möglichkeit, ein neues „Menschen-Exemplar" hervorzubringen, natürlich mit allen Beschränkungen des Menschen, aber es ist diese Kraft, das Wollen des Willens, das die Reproduktion ist. Und darum liegt in diesem Gebiet die Kategorie *Quantität.*

Wir sprachen zuvor über den Willen, der den Charakter dessen annimmt, was Rot als Kräftewirkung in sich hat.

Man könnte sich sogar vorstellen, dass auch jemand der blind ist, diese Gewahrwerdungen haben könnte, aber auf anderen Gebieten. Weil das Auge nicht funktioniert, kann der Wille die Rotqualität nicht anhand des Sehens annehmen, aber wahrscheinlich nimmt der Wille dennoch oft die Rotqualität an, doch dann ist es eine andere Form von Qualität.

Man muss sehr beweglich denken können. Es gibt schließlich Sinneswahrnehmungen – das macht es auch so kompliziert und interessant –, die mehr im Denkgebiet liegen, andere liegen mehr im Willensgebiet. Wenn man sagt: Ja, aber man weiß doch wohl, dass Sehwahrnehmungen mehr dem oberen Pol angehören als zum Beispiel Tonwahrnehmungen, die man mehr mit dem Stoffwechsel wahrnimmt, dann könnte man sagen: man wendet sich also dagegen, dass alle Sinneswahrnehmungen eigentlich im Stoffwechsel, im Willensgebiet liegen. Das ist ein Beispiel dafür, dass man das eine nicht einfach mit dem anderen vergleichen kann. Darum kann man bei Rudolf Steiner ebenfalls meinen, man würde Widersprüche finden, weil man die Kunst des richtigen Vergleichens nicht versteht. Dann hat er einen ganz anderen Standpunkt eingenommen, eine völlig andere Blickrichtung, von einem anderen Wesensglied aus, und sagt dann natürlich ganz andere Dinge, als wenn er es wiederum von einem anderen Punkt aus betrachtet. Wir müssen auch darin lernen, exakt zu werden. Wenn man sagt: Es gibt Sinne, die mehr Gedankenqualität haben, und Sinne, die mehr Willensqualität haben, dann ist das etwas anderes, als wenn man sagt: Alle Wahrnehmung mit den Sinnen kommt im Willensgebiet zustande, indem der Wille befühlt wird. Es kann dann trotzdem so sein, dass die eine Wahrnehmung mehr im Denken sitzt und die andere mehr im Willen.

Auf diese Weise sieht man, was für eine unglaubliche Differenziertheit darin liegt und wie man lernen kann, diese zu erfassen. In der menschlichen Seele sind die Begriffskategorien als Aktivitäten anwesend. Wir sind als aktive Seelenwesen fortwährend in den Kategorien wirksam, nicht nur abstrakt, nicht nur, indem man weiß: das ist Qualität. Das ist mehr begriffsmäßig, es ist jedoch auch so, dass man Qualität im Willensgebiet *hat*, wo man den Willen fühlt. Da ist das Wesen von Qualität zu finden. Und das Wesen der Quantität ist im wollenden Wollen zu finden, da, wo der Wille *will.*

Es ist in erster Linie vor allem eine beeindruckende Schulung der Intelligenz. Diese Intelligenz ist dann nicht nur wissenschaftlich, sondern umfasst das ganze Gebiet dessen, was wir als Intelligenz kennen. Also auch die soziale und auch die künstlerische Intelligenz werden in ihrer Gänze in Entwicklung gebracht. Das bedeutet, dass man auf eine ganz andere Weise in der Welt stehen lernt. Was man vielleicht verloren hat, das Bewusstsein dessen, was Intelligenz eigentlich ist, gewinnt man zurück. Man hat so viel verloren: das tiefe, intensive Erleben der sinnlichen Wahrnehmung, die die Farben heute eigentlich kaum mehr sieht, wenn man zum Beispiel an den Herbstfarben vorübergeht, statt sie noch wirklich zu erleben. In einem Gespräch mit einem Mitmenschen kann man sich wirklich zurückhalten, seine Meinungen zurückhalten, seine Urteile zurückhalten, sogar seine sinnliche Wahrnehmung beherrschen, damit daran kein Urteil haftet. Das ist im sozialen Element wohltuend, man bekommt dadurch eine ganz andere Art von Leben. Man bekommt auch in seinem Beruf allmählich ein ganz anderes Verhältnis zu seinem Fach. Die Totalität eines Menschen lernt man nicht einfach so schwach wie bisher zu erleben, sondern sehr intensiv, so dass man wirklich darauf eingehen kann. Das hat man dann natürlich auch, wenn man Naturwissenschaftler oder Philosoph wird; auch dann hat man ein ganz anderes Verhältnis zu dem, was Philosophie ist, zu dem, was Naturwissenschaft ist. Was ist eigentlich das Exakte im Denken, was verliere ich in dieser Exaktheit, und wie kann ich dies auf andere Weise wieder erreichen? Oder wie kann sogar das exakte Denken künstlerisch werden?

*

Nun noch ein Auftakt für das nächste Mal.

Vor der Pause wurde das letzte Thema schon mit der Frage eingeleitet: Wenn ich dies alles mache, dann komme ich natürlich auch irgendwann wieder zurück in die Welt, und was dann?

Da haben wir die übrig bleibenden Kategorien, wir haben nun tatsächlich neun gehabt, also bleiben noch drei, die wir nicht gehabt haben, und die hängen mit dem Dasein auf Erden zusammen. Wir haben in der Krone das Wesen gefunden, aber das Wesen erscheint auf Erden in der Gestalt dieses und jenes Menschen. Es ist natürlich so, dass es etwas sehr Spezifisches ist, wobei man, wenn man jemandem begegnet, *weiß*, dass er es ist. Das ist ja das große Leid des irdischen Daseins, dass man, wenn der Leib nicht mehr da ist, nicht mehr weiß, dass er oder sie da ist. Man kann das natürlich mit Vorstellungen von Verstorbenen füllen, oder vielleicht hat man auch die Möglichkeit, etwas davon wahrzunehmen, doch so, wie es untereinander hier auf Erden ist, ist es dann nicht mehr. Das ist also ein wichtiger Unterschied, dass das Wesen in der Krone eine andere Kategorie, ein anderes Etwas ist als das zur Erscheinung gekommene Wesen auf Erden. Das zur Erscheinung gekommene Wesen auf Erden ist *Susbstanz.*

Dann könnte man sagen, dass der Mensch in den drei Gebieten von Denken, Fühlen und Wollen wieder erscheint, in sich selbst, und dass da eigentlich der Entwicklungsimpuls liegt, dass man als Mensch eine Möglichkeit hat, etwas aus sich zu machen. Man braucht nicht zu bleiben, wer man gemäß der Natur, seiner Erziehung und seiner Umwelt ist, sondern man hat eine Möglichkeit mitbekommen, da eine Entwicklung hineinzubringen und gleichsam sein Wesen im Denken, Fühlen und Wollen zur Erscheinung zu bringen. Dann hat man dasjenige, was man auf Erden als Mensch sein kann. Zum Teil erscheint dieses Wesen schon von Natur aus, das geschieht von selbst, man ist, wie man ist, man hat ein bestimmtes Denkvermögen oder eine bestimmte Art zu denken, man hat seine gefühlshafte Subjektivität, sein empfindsames Subjekt. Man hat ein Stückchen Objektivität im Gewahrwerden, im Vorstellen und Bedenken seiner Vorstellungen, darin erscheint man schon teilweise als Wesen, und man hat eine leibliche Erscheinung. Man hat in sich ein Willenswesen, ein Begierdewesen, und man hat ein Vermögen, das, was in der Welt und in einem selbst ist, rein wahrzunehmen. Darin erscheint man in seinem Willen.

Die Weise, in der man das tut, ist völlig individuell, sie hängt auch mit der Kategorie Haben zusammen. Das Verhältnis zu den verschiedenen Eigenschaften, die der Mensch hat, haben kann, wird gesucht. In erster Linie ist das etwas, was einem geschieht, scheinbar passiv. Man hat keine Vorstellung davon, inwiefern man selbst dabei in höherem Sinne vielleicht doch die Hand im Spiel hatte. Man ist sich dessen in seinem gewöhnlichen Menschsein nicht bewusst, man empfindet es trotzdem als ein buchstäbliches Leiden, auch wenn es etwas Gutes ist, man *erleidet*, wer man ist. Aber man hat zugleich auch etwas mitbekommen, und das ist das ewige Streben, wodurch man eine Art von Begierde danach hat, ein Anderer zu werden als der, der man ist, besser zu werden, als man ist, ein besserer Mensch zu werden, als man ist. In diesem Gebiet entsteht die Freiheit. Dann kann man sich vorstellen, dass man nicht mehr nur mit Merkmalen *ausgestattet* ist, dass diese nicht mehr wie ein unveränderliches Etwas an einem kleben, sondern dass man als Mensch ein Vermögen hat, seine Eigenschaften zu *machen*. Dann wird das Haben, diese Kategorie, von einem passiven Geschehen, von etwas, was man nun einmal hat, zu einem aktiven Geschehen, und dann wird es eigentlich erst ein „Verhalten", wie Rudolf Steiner es nennt, dann werden die Eigenschaften in ein Verhältnis zu einem selbst gebracht, dann *handhabt* man sie. Dann hat man die Möglichkeit, darin bewusst Dinge zu wollen und nicht zu wollen, zu entwickeln und nicht zu entwickeln, zu beherrschen oder gerade zu entfalten.

Man kann natürlich nicht alles, was man an Merkmalen hat, in eine Veränderung bringen, es gibt Dinge, die stehen fest, daran kann man nichts tun. Es gibt aber auch ein Gebiet, wo man Entwicklungsmöglichkeiten hat, und diese Entwicklung hat natürlich mit Merkmalen zu tun, denn wenn man sich entwickelt, entwickelt man Fertigkeiten oder Qualitäten. Da verändert sich also das Verhältnis zu seinen Eigenschaften. Was zuerst einfach so *war*, wie es nun einmal war, wird in eine Aktivität hineingebracht. Bestimmte Dinge nimmt man wirklich selbst in die Hand, um sie zu bestimmen.

Der Begriff „Haben" ist etwas, was auf Besitz hinweist. Aber wir haben auch bestimmte Eigenschaften. Mich hat das wirklich fasziniert, dass Rudolf Steiner dieses Wort „Haben" in „Verhalten" ändert. Es kommt Aktivität hinein, dann hat man seine Eigenschaften in der Hand, dann hat man ein Verhältnis dazu. Dann ist es nicht so, dass sie an einem kleben, sondern dann kann man formend eingreifen.

Wir haben also drei Dreigliederungen gehabt, und so finden wir noch eine vierte Dreigliederung, die mit dem Erdendasein zu tun hat. Letztes Mal sind wir dem Plato-Übersetzer Marsilio Ficino begegnet. Ein Zeitgenosse von ihm war Pico della Mirandola. Dieser Renaissance-Denker hatte die absolute Überzeugung, dass der Mensch in Bezug auf seine Eigenschaften ein „Verhalten" hat, dass er also eigentlich frei ist, sein ganzes Menschsein zu gestalten, dass er nicht an Beschränkungen gebunden ist, sondern eigentlich alles in der Hand hat und das, was er ist, ist, weil er es so will. Wenn er so bleibt, dann bleibt er so, weil er das will, aber er hat auch die Freiheit, sich völlig zu ändern. Er hat eine kleine Schrift geschrieben, „Die Würde des Menschen". Rudolf Steiner sagt, dass dieser Mensch eigentlich der Erste ist, der von kosmischem Wissen absieht und sich auf das irdische Wissen beschränkt. Damit will er die Freiheit erreichen. Es ist ein sehr großer Umschwung in dieser Zeit, der Renaissance, dass da ein Denker erscheint, der keine Verbindung mit dem kosmischen Willen mehr gelten lassen will – obwohl er dessen Wirksamkeit erkennt – und doch diesen gewaltigen Impuls hat, dass der Mensch aus sich eigentlich machen kann, was er will. Das ist doch ein interessantes Paradox, denn woher sollte man dann die Kräfte holen, wenn man ganz in die Haut seines Seins beschlossen ist?[2]

Wir haben da ein Vorbild eines Menschen, der mit einem großen Feuer vertritt, dass der Mensch die Freiheit hat, derjenige Mensch zu werden, der er will. Und tatsächlich sagt er, dass der Mensch die Möglichkeit hat, als Wesen so zu erscheinen, wie es wirklich zu seinem Wesen passt. Das ist dasjenige, was die vierte Dreigliederung ist, das Erscheinen des Wesens auf Erden im Denken, das Erscheinen des Wesens auf Erden im Fühlen, und das Erscheinen des Wesens auf Erden im Wollen, wobei dieses dann als Krone zu sehen ist, und zwar als bewusste Krone, als seiner selbst bewusste geistige Intelligenz, die im Denken, Fühlen und Wollen erscheint.

Das brauchen wir, um uns beim nächsten Mal mit diesen Vier mal Drei dem Grundsteinspruch nähern zu können, so dass man sieht, dass die Kategorien des Aristoteles in eine Metamorphose gekommen sind, noch immer dieselben, aber im Inneren des Menschen in eine Metamorphose gekommen, und dass mit diesen Kategorien die geistige Welt erkannt werden kann. Der Grundstein ist tatsächlich das Fundament, auf dem das Ganze ruht. Das, was äußerlich das Goetheanum gewesen ist, wird dann innerlich das Fundament, um diese „Selbstgestaltung", zu der der Mensch letztlich kommen muss, anzugehen.

Es wird eine Frage zu dieser Form der Freiheit in unserer Zeit gestellt.

Einerseits ist das der größte Segen, aber es ist auch die größte Bedrohung für eine Kultur, die ganz in ein System gebracht wird. Was soll diese Kultur mit Menschen, die meinen, dass sie sich selbst formen

---

[2] GA 233a, 6.1.1924.

und bilden können? Das ist doch eine Bedrohung für das System. Es bräuchte nicht so zu sein, aber es wird so gedacht.

Es scheint, als ob die Freiheit so realisiert werden kann wie die Freiheit des amerikanischen Ideals. Doch macht man da natürlich keinen Gebrauch von der Krone, sondern man benutzt die materielle Welt, um etwas aus sich zu machen, und das wird dann das Guthaben auf der Bank. Darum geht es dann, das war doch der „American dream". Wie schön das an sich auch ist und wieviel Feuer darin steckt – und es kann auch etwas sehr Sympathisches haben –, es ist dennoch das Bankguthaben, um das es geht. Dieses soll am besten mit Vierzig so aussehen, dass dieser Traum verwirklicht ist. So konkret ist das, und das ist natürlich etwas ganz anderes. Aber die Kraft des Willens, etwas zu erreichen, ist nicht wirklich anders, nur äußert sie sich auf einem ganz anderen Gebiet, und auch in einem ganz anderen Gebiet der Seele.

Bei Pico della Mirandola sieht man noch, dass es ganz um die Entwicklung der Moralität geht, darum, ein besserer Mensch zu werden, das ist bei ihm noch wirklich damit verbunden.

Bei ihm ist es ein Paradox, dass er meint, dass man sich selbst zur Entwicklung bringen könnte, ohne Sternenweisheit. Es ist natürlich schon so, dass wir diese Sternenweisheit auch nicht einfach so haben, und doch haben wir sie natürlich auch wiederum sehr wohl. Was wir nun gemacht haben, das Finden dieser Zwölfheit – denn das ist sie letztendlich geworden –, hat natürlich wirklich etwas mit einer kosmischen Zwölfheit zu tun, und diese Siebenheit, diese Achtheit, diese Oktave, die in dem Spruch „Weltentsprossenes Wesen" liegt, hat natürlich auch wirklich etwas mit kosmischen Zahlen zu tun. Wir sind also bei der Sternenweisheit. Und dennoch geht das noch viel weiter, wenn man diese Sternenweisheit auch wirklich in vollem Bewusstsein als wesentliche Erkenntnis hat.

Gestern noch, bevor wir auseinander gingen, wurde eine Frage gestellt: Was ist der Einschlag des Christus im Denken des Menschen, inwieweit können wir dies in den Kategorien wiederfinden?

Da könnte man sagen: Was man da tatsächlich hat, ist dieses Letzte, diese letzte Dreigliederung. Man findet dasjenige, was durch Sein Kommen möglich geworden ist.

Anhand der Worte von Thomas von Aquin kann man Folgendes sagen: Angenommen, man kann denken, dass Christus das Weltenwort ist und dass sich das Weltenwort – von dem die Kategorien natürlich nur eine blasse Abspiegelung sind – in der Zeitenwende nach einem menschlichen Leib begeben hat. Diese menschliche Natur ist dasjenige, worin das Weltenwort dann Wohnung nimmt, mit anderen Worten: Das Weltenwort hat die menschliche Natur angenommen. Das, was göttliches Weltenwort ist, nimmt menschliche Natur an.

Das ist tatsächlich das, was wir in unserem Denken nachmachen können. Wir können die menschliche Natur des Denkens so rein machen, dass sie geeignet wird, das Weltenwort in sich aufzunehmen. Das ist die Geisteswissenschaft. Thomas von Aquin sagte schon damals, dass das Vorbild, welches da ist, dass nämlich das Weltenwort die menschliche Natur angenommen hat, die Hoffnung gibt, dass es einmal vielleicht so weit kommen wird, dass der Mensch imstande sein wird, in seinem Intellekt, in seiner Intelligenz nicht menschliche Natur zu bleiben, sondern göttliche Natur anzunehmen.

Das ist ein grandioser Ausblick, und das hoffen wir, miteinander jedenfalls einigermaßen vorzubereiten.

ZWEITER VORTRAG

Rotterdam, 23. November 2012

Liebe Anwesende, heute Abend werden wir versuchen, eine Verbindung zwischen den Kategorien des Aristoteles, ihrer Umformung im Werk Rudolf Steiners und dem Wiedererscheinen dieser Kategorien im Grundsteinspruch zu ziehen.

Ich werde zunächst kurz zusammenfassen, was in den vorherigen Malen zur Sprache gekommen ist, weil es doch auch ein Ganzes sein muss.

Wenn wir auf die griechische Zeit zurückschauen, finden wir da die Mysterien von Ephesus. In diesen Mysterien wurden sowohl Männer als auch Frauen in voller Gleichwertigkeit eingeweiht. Der Schüler wurde in diesen Mysterien dazu gebracht, durch Übung und Läuterung so weit zu kommen, dass er oder sie fähig wurde, sich mit der Seele in das Leben vor der Geburt zu versetzen. Das waren reale Erlebnisse. Wir können uns mit unserem gewöhnlichen Verstandesdenken nur schwer vorstellen, *dass* es ein vorgeburtliches Leben gibt. Das wird für Anthroposophen nicht so schwer sein, aber wenn man mit der Anthroposophie nicht bekannt ist, dann ist es natürlich sehr wohl schwer, sich vorzustellen, dass es ein vorgeburtliches Leben gibt. Doch noch viel schwerer ist es, sich vorzustellen, dass man sich auch dahin zurückversetzen könnte, so dass es von einem wirklich als etwas Reales, als etwas Wirkliches erlebt wird. Rudolf Steiner beschreibt, dass in dem Schüler dann, wenn er sich so weit entwickelt hatte, dass er sich in das Vorgeburtliche versetzen konnte, eine Form von Erinnerung aufstieg, in der er die Gewahrwerdung der Seele bekam, die sich anschickt, bereit macht, ein neues Erdenleben zu beginnen.

Die Seele ist durch das Leben zwischen Tod und Geburt gegangen, hat eine Läuterung durchgemacht, wodurch sie zusammen mit dem Geist zu einem „Weltentsprossenen Wesen" geworden ist, ein aus dem Weltall entsprossenes Wesen. Dann umhüllt sich dieser Wesenskern mit der Seele: „Du in Lichtgestalt". Danach muss die Seele, um sich mit dem Erdendasein verbinden zu können, auch einen Ätherleib anziehen, und dieser Ätherleib hat die Qualitäten der Planetenwelt in sich. Wir haben also das „Weltentsprossene Wesen in Lichtgestalt" – Sonne und Mond –, das sich nun mit einem Ätherleib umhüllt, der die Qualitäten in sich aufnimmt: „Dich beschenket des Mars erschaffendes Klingen und Merkurs gliedbewegende Schwingen, dich erleuchtet Jupiters erstrahlende Weisheit und der Venus liebetragende Schönheit, dass Saturns weltalte Geistinnigkeit dich dem Raumessein und Zeitenwerden weihe!"

Hier wird beschrieben, wie der Lebensleib des Menschen – wodurch er auf Erden einen physischen Leib hat, aber auch einen lebendigen Leib – die Qualitäten der Planeten in sich aufnimmt: von Mars, Merkur, Jupiter, Venus und schließlich von Saturn, der den Menschen dann gleichsam dem Erdendasein weiht und ihn an Zeit und Raum, Raum und Zeit übergibt.

Dies wird von Rudolf Steiner in einem Vortrag am 22. April 1924 beschrieben, und er geht dazu über, zu schildern, wie Kratylos, einer der Lehrer der Mysterien von Ephesus, und Mysa, eine Priesterin dieser Mysterien, sich in der späteren griechischen Zeit wiederverkörpern und dann zu Aristoteles und Alexander dem Großen werden. An dem Tag, als Alexander der Große geboren wird, brennt der Tempel von Ephesus nieder, durch die Fackel eines Brandstifters. Rudolf Steiner beschreibt nun, wie dasjenige, was in den Mysterien von Ephesus gelebt hat, gewirkt hat, gesucht und gefunden wurde, sich in dieser Flammenschrift in den Äther einschreibt – in Worten, die dem Spruch entsprechen, den ich soeben gesprochen habe. Und dann sagt Rudolf Steiner: das rief bei Aristoteles, der die Mysterien von Samothrake besucht hatte, eine Erinnerung an diese vorherige Inkarnation in den Mysterien von Ephesus herauf. Und das, woran er sich erinnerte, musste zu etwas Anderem werden.

Aristoteles hat damals zusammen mit Alexander dieses Mysterienwissen, man kann sagen: verschlüsselt, in eine Reihe von Formeln gebracht, die bis in unsere Zeit hinein bekannt sind, mit denen in der Philosophie auch gearbeitet wird, in denen aber tatsächlich jenes alte Mysterienwissen wie in einen Keim zusammengezogen ist. Die eigentliche Entspiritualisierung des Denkens, sagt Steiner, setzte mit dieser beginnenden Logik des Aristoteles ein. Doch in dem Vortrag von 1924 ruft er die Anthroposophen auf, diese Keime in die richtige Geistes-Seelen-Erde zu legen und sie zu wecken, so dass das Vermögen entsteht, mit diesen Keimen – und das sind die Kategorien des Aristoteles – im Kosmos und im Menschen lesen zu lernen. Und er sagt dann: Tatsächlich ist alles, was die Anthroposophie hervorgebracht hat und noch hervorbringen wird, mit diesen Buchstaben zu lesen.

Nun ist es so, dass es nicht möglich ist, zu sagen: Ja, dann will ich suchen, wo ich diese Kategorien in der Anthroposophie finden kann. Das würde eine Suchaktion mit dem Verstand werden, und dieser kann nicht zu einem wirklichen Finden einer Antwort führen. Das Einzige, was man, wenn man von diesem Vortrag berührt wurde, tatsächlich tun kann, ist, sich in die Kategorien des Aristoteles zu vertiefen und dann eine Antwort auf die Frage suchen: Wo liegt die Berührungsfläche, wo berühren die Kategorien die Anthroposophie, wo werden sie Anthroposophie? Wie soll man sich das vorstellen, dass eine Zwölfzahl von Begriffen, die anfangs nur Worte für einen sind, zu Anthroposophie wird? Denn man hat nicht mehr als Qualität, Quantität, Relation, Raum, Zeit, Position, Tun, Leiden, Wesen, Haben, Erscheinung, Substanz. Wie findet man einen Weg, so dass diese abstrakten Worte, die man dann zu Begriffen machen könnte, eine Berührung mit der Anthroposophie zeigen?

Natürlich sucht man dann erst die Bücher auf, in denen der ursprüngliche Text von Aristoteles steht. Und ich habe schon gesagt: das ist keine poetische Literatur. Das ist nichts, bei dem man unmittelbar gewahr wird, dass es eigentlich Mysterienwissen ist und dass es, wenn man es auf die richtige Weise zu kultivieren wüsste, von neuem Mysterienwissen werden könnte. Und doch lebt in diesen Texten des Aristoteles etwas davon, wenn man empfindend erlebend lesen kann. Dann wird man darin doch gewahr, dass es etwas Sonderbares ist, und wenn man versucht, zu einer Vertiefung zu kommen, wenn man wirklich versucht, zu erfassen, was diese Begriffe eigentlich bedeuten, dann werden es viel umfangreichere Einheiten, als wenn man es bei den Worten belässt.

Ich habe das vorige Mal gesagt, dass es sehr interessant ist – und darüber kann man natürlich nicht hinweglesen –, dass Rudolf Steiner keine zwölf Kategorien gibt. Aristoteles gibt zehn, aber Rudolf Steiner nennt sogar nur acht und lässt die Kategorie Substanz und die Kategorie Haben weg, nennt diese später zwar, sagt dann, dass sie eventuell noch hinzukommen können, aber sie sind für das Lesen der Anthroposophie scheinbar nicht von größter Bedeutung. Das Interessante ist dann, dass gerade die Kategorie Substanz – die Steiner also nicht nennt – bei Aristoteles die Hauptkategorie ist und dass bei der Beschreibung dieses Begriffes sogar steht, dass, wenn es diese Kategorie nicht gibt, alle anderen eigentlich auch keine Bedeutung mehr haben können, denn sie sagen alle etwas über diese eine Kategorie Substanz.

Man hat diese acht Begriffe Rudolf Steiners und die zehn Begriffe von Aristoteles und noch andere Literatur über die Kategorien. Vor allem das Buch von Franz Brentano[3] ist interessant, obwohl ich damit dennoch nicht weitergekommen bin. Man begegnet da vor allem den mehr zeitgenössischen Problemen, die ein Denker zum Beispiel mit der Kategorie Substanz hat, wie Aristoteles sie beschreibt. Dann gibt es ein Buch eines Priesters der Christengemeinschaft, der vor kurzem verstorben ist, Berthold Wulf. Er hat vor allem in Zürich, in der Schweiz, gewirkt, hat viele Vorträge gehalten, unter anderem über die Kategorien. Es ist ein dickes und schwer zu lesendes Buch, weil es mit Zitaten durchsetzt ist, oft innerhalb eines Satzes. Es enthält großartige Abschnitte, die man vor allem findet, wenn man das Buch aufschlägt und hier und da ein Stückchen liest, man findet dann wirklich Perlen.

Letztlich muss man es dann doch mit dem Inhalt von Aristoteles selbst tun. Rudolf Steiner hat nicht viel darüber gesagt, es gibt noch einige Vorträge über die Kategorien und auch einen Vortrag über die Kategorien von Hegel. Aber eine weitere Erläuterung zu den Kategorien und eine Erläuterung, wie diese zur okkulten Schrift, zu Buchstaben einer Weltenschrift werden, findet man bei Rudolf Steiner nicht. Man ist doch auf sich selbst zurückgewiesen.

Mich hat diese Frage nicht losgelassen, außer natürlich zeitweilig. Ich habe schon in den 80er Jahren mit ihrem Studium begonnen, habe mich einige Zeit damit beschäftigt, bis man fühlt, dass man es auch wieder loslassen muss, weil man wirklich nicht weiterkommt. Durch die Frage dieser Rotterdamer Gruppe, uns einmal damit zu beschäftigen, habe ich wieder sehr intensiv damit begonnen, und der Zusammenhang ist wieder ein ganzes Stück deutlicher geworden.

---

3 Franz Brentano, Kategorienlehre, Felix Meiner Verlag., 1985.

Wenn wir zu Rudolf Steiner zurückgehen, dann sehen wir ein Geschehen, das dem Brand von Ephesus gleicht. Wir denken an den Brand des ersten Goetheanums und wissen, dass Rudolf Steiner versucht hat, seine geisteswissenschaftlichen Einsichten, sein Wissen, sein Geisteswissen, in diesem Goetheanum – mit Hilfe vieler anderer Menschen – nicht auszu*sprechen*, sondern auszubilden, und dass das erste Goetheanum eine sichtbar gewordene Anthroposophie gewesen ist. Wenn man dies bedenkt und sich vorstellt, dass ein solches Bauwerk in Flammen aufgeht, kann man sich, wenn man nicht allzu materialistisch denkt, vielleicht vorstellen, dass das, was an Geistesformen in diesem Gebäude gelebt hat, sich durch das Aufgehen in den Flammen ebenfalls in den Äther eingeschrieben hat. Und dann kann man sich weiter vorstellen, dass Rudolf Steiner bei dem Entschluss, die Anthroposophische Gesellschaft, so wie sie war, aufzulösen und eine neue Gesellschaft zu gründen und hier den Vorsitz zu übernehmen, für ein neues Goetheanum einen Grundstein legen wollte. Er wollte das nicht mehr in physischem Sinne tun. Natürlich steht da wieder ein Goetheanum, aber dieses hat eine ganz andere Bedeutung als das ursprüngliche erste Goetheanum. Man kann sich vorstellen, dass der Grundstein für das neue Goetheanum nicht als materielles Gestein in den Boden gelegt wurde, sondern dass er als eine Seelenform mit Geisteslicht und Seinskraft in die Seelen der Menschen, der Mitglieder, gelegt wurde.

Die Ähnlichkeit zeigt sich sehr stark: Aristoteles bringt nach dem Brand von Ephesus das Mysterienwissen in zehn Begriffe. Es ergibt sich einem wirklich in einem bestimmten Moment, dass der Grundstein eine Metamorphose der Kategorien sein muss. So, wie die Kategorien eine Metamorphose der Mysterien von Ephesus gewesen sind, so ist der Grundstein eine Metamorphose der Kategorien und liegt in diesem Grundstein tatsächlich die ganze Anthroposophie verborgen, so wie in den Kategorien die Mysterien von Ephesus verborgen liegen. Das habe ich nicht erdacht, das ist etwas, was man in dem sorgfältigen Verfolgen dessen, was in den Vorträgen und Büchern über und durch Rudolf Steiner beschrieben ist, im Lauf der Jahre als Zusammenhang gewahr wird; man sieht, dass es so ist.

Wenn man nach einer Umformung, einer Metamorphose der Kategorien in die anthroposophischen Kategorien sucht, dann findet man die Dreigliederung des Menschen. Das haben wir das vorige Mal in der Arbeitsgruppe versucht auszuarbeiten, wir haben versucht, einen ersten Beginn damit zu machen, und wir können natürlich auch nicht anders, als morgen wiederum einen Beginn damit zu machen. Aber wir kommen immer etwas weiter, und das geht natürlich besser, wenn man einen ganzen Tag Zeit dafür hat.

Was ich also tun will, ist, einige Dinge anzugeben und Sie zu bitten, es vor allem nicht festzulegen im Sinne von: so ist es, und man kann es nicht anders sehen. Wenn man einen anderen Standpunkt einnimmt, kann man alles wiederum anders sehen.

Eine Entsprechung zwischen dem Spruch von Ephesus, den Kategorien von Aristoteles und dem Grundsteinspruch ist sehr deutlich zu finden, und auch die Übereinstimmung mit der kabbalistischen Weisheit ist sehr deutlich. In dem Weg zur Selbsterkenntnis, der in der Anthroposophie gewiesen wird, findet man den Grundstein schon vorgebildet. In der „Weihnachtstagung", als die neue Anthroposophische Gesellschaft begründet wird, erscheint der Grundstein dann gleichsam in voller Glorie.

Nun ist es so – und das ist etwas, dessen wir uns nicht oft genug bewusst werden können –, dass es etwas ganz anderes ist, ob man mit einem Mantram, einem Spruch arbeitet, oder ob man Wissen erwirbt. Wenn man Wissen erwirbt, verwendet man seinen Verstand, seinen Intellekt, seine Intelligenz, und man versucht, Zusammenhänge zu finden, man versucht, zu analysieren und dann auch wieder zu kombinieren, und so versucht man, zum Verstehen zu kommen und zugleich das, was man verstanden hat, wieder in Verbindung mit demjenigen zu bringen, was man bereits zuvor verstanden hatte. Das ist etwas, was ein starker Drang im Menschen ist, und dieser Drang will das mit aller Gewalt auch dann, wenn ein Spruch gegeben wird. Dann will der Mensch diesen mit derselben Verstandestätigkeit verstehen. Dadurch kann man wirklich den allerhöchsten Inhalt profan machen, profanisieren. Und ich habe – wie soll ich das sagen, ohne dass es pedantisch klingt – selbst eine ziemlich starke Verstandesentwicklung durchgemacht, aber gleichzeitig habe ich, als ich die anthroposophischen Sprüche kennenlernte, gemerkt, dass man dann den Verstand schweigen lassen muss. Sich Mantrams mit dem Verstand zu nähern, ist so etwas wie das, was man im Operationssaal macht, im Anatomiesaal macht. Man präpariert, und das kann man natürlich nur, wenn der Körper tot ist. Man untersucht anatomische Strukturen. Ein Spruch ist aber ein *lebendes* Wesen, und wenn man einem solchen mit dem Verstand zu Leibe rückt, verhält man sich so, als hätte man es mit toter Materie zu tun.

Es ist eine Gefühlsfrage, zu empfinden, was man mit Texten machen kann; es können auch sehr gut anthroposophische Texte sein, ein Text wie die „Philosophie der Freiheit" oder „Die Geheimwissenschaft", hier kann man sehr gut seinen Verstand gebrauchen. Aber bei einem Spruch, der zur Meditation gegeben ist, ist dies – nehmen Sie es mir nicht übel – wirklich eine Schande.

Ein Spruch ist ein lebendiges Wesen, ist ein geistiges Wesen, das man sprechen lassen muss. Es ist nicht etwas, was wir mit unserem Verstand zu enträtseln versuchen können, sondern es enträtselt sich selbst, wenn man nur in dem richtigen, vorsichtigen Gemütszustand zu bleiben vermag. Und das kann man im Grunde nur, wenn man in der Meditation versunken ist.

Wenn ich dann sage: ich will an einem Abend und einem Tag versuchen, die Kategorien des Aristoteles in Verbindung zum Grundsteinspruch zu bringen, dann kann es natürlich nicht so sein, dass es auf eine solche Weise geschieht, dass man versucht, nach einer Antwort auf die Frage zu suchen: Wie hängt das eine mit dem anderen zusammen? Für mich ist – das wissen die Menschen, die mich gut kennen und die mein Werk kennen – Rudolf Steiner absolut unantastbar, im Sinne eines geistigen Lehrers in unserer Zeit. Was man mit seiner menschlichen Intelligenz, seinem Intellekt und seinem Verstand tun kann, ist, zu entdecken, dass in dem Werk Rudolf Steiners wirklich keine bleibenden Widersprüche existieren; dass man in dieses ein Vertrauen haben kann, welches man auf keinem anderen Gebiet haben kann. Wenn man andere Texte studiert, ist es eigentlich immer so, dass man zu einer bestimmten Zeile kommt, die ganz gut und richtig sein kann, doch wenn man dann nach der Gesamtheit sucht, findet man diese eigentlich nicht. Bei Rudolf Steiner ist es eigentlich par excellence der Fall, dass man immer eine Gesamtheit findet. Diese findet man natürlich nicht in *einem* Buch, man findet sie vielleicht auch nicht in zehn Büchern, aber letztendlich ist es etwas, was absolut erfahrbar ist, und wenn man das einmal bemerkt hat, dann ist es auch in *einem* Buch zu finden, weil in jeder Zeile die Gesamtheit der Anthroposophie doch immer wieder zu finden ist.

Rudolf Steiner über die Meditation:[4]

„Die Meditationsworte aber sind Zauberworte, die die Pforten der Seele öffnen, damit das göttliche Leben einziehen kann. Darum soll man auch nicht bloß mit dem Verstande über seine Meditationsworte spekulieren, sondern die Seele für höhere Kräfte, als die bloßen Verstandeskräfte sind, öffnen. Wenn man mit dem Verstande darüber nachspekuliert, so treten nur die Kräfte in Tätigkeit, die schon in einem darinnen sind. Aber höhere Kräfte sollen wach werden. Man soll an seinen Meditationsworten nicht Rätsel lösen wollen, sondern sich von ihnen Rätsel lösen lassen. Denn sie sind viel weiser, als der Verstand je sein kann. Darum soll man sie ganz auf sich wirken lassen und aufnehmen, was sie hineinfließen lassen in die Seele, sie ganz leben lassen in der Seele."

Und in dieser Weise hat Rudolf Steiner auch etwas in den Mysteriendramen geschrieben, in der Einleitung zum dritten Drama. Er erläutert dort, wie er beim Schreiben dieser, sagen wir: Theaterstücke, die die menschlichen Seelenbewegungen in Verbindung mit der geistigen Welt zeigen, nichts ausgedacht hat:

„Die Gliederung der Personen in Gruppen (3 X 4) ist nicht gesucht oder der Darstellung zugrunde gelegt; sie ergibt sich – für das Denken nachträglich – aus den Vorgängen, die ganz für sich konzipiert sind und welche eine solche Gliederung von selbst gestalten. Sie ursprünglich zugrunde zu legen, wäre dem Verfasser nie eingefallen."

Das also ist der Vorbehalt, den ich beim Besprechen des Grund-

[4] Rudolf Steiner, Aus den Inhalten der esoterischen Schule, GA 266/1, S. 285.

steinspruches habe: dass ich hoffe, es so tun zu können, dass ich nicht selbst *das* tue, was ich so schlimm finde.

Ich weiß nur ebenfalls sicher, dass ich es nicht gesucht habe, sondern dass es sich gezeigt hat, und wenn man dann nachträglich versucht, das in Worte zu fassen, ist es natürlich nicht anders möglich, als dass man doch auch mit seiner eigenen Person darinnen steckt.

Ich muss den Spruch natürlich vorlesen, denn es gibt Menschen, die kennen keinen Grundsteinspruch und haben diesen noch nie gehört. Wenn ich ihn vorlese, ist das natürlich noch nicht genug, aber etwas wird doch erklingen müssen, um eine Vorstellung zu geben, was in dem Grundsteinspruch gesagt wird.

Es ist ein Aufruf an den Menschen, ein Aufruf zur Selbsterkenntnis in Bezug auf Leib, Seele und Geist.

Menschenseele!
Du lebest in den Gliedern,
Die dich durch die Raumeswelt
Im Geistesmeereswesen tragen:
Übe Geist-Erinnern
In Seelentiefen,
Wo in waltendem
Weltenschöpfer-Sein
Das eigne Ich
Im Gottes-Ich
Erweset;
Und Du wirst wahrhaft leben
Im Menschen-Welten-Wesen.
Denn es waltet der Vater-Geist der Höhen
In den Weltentiefen Sein-erzeugend.
Seraphim, Cherubim, Throne,
Lasset aus den Höhen erklingen,
Was in den Tiefen das Echo findet;
Dieses spricht:
Ex Deo Nascimur.
Das hören die Elementargeister
Im Osten, Westen, Norden, Süden:
Menschen mögen es hören.

Menschenseele!
Du lebest in dem Herzens-Lungen-Schlage,
Der dich durch den Zeitenrhythmus
Ins eigne Seelenwesensfühlen leitet:
Übe Geist-Besinnen
Im Seelengleichgewichte,
Wo die wogenden
Welten-Werde-Taten
Das eigne Ich
Dem Welten-Ich
Vereinen;
Und du wirst wahrhaft fühlen
Im Menschen-Seelen-Wirken.

Denn es waltet der Christus-Wille im Umkreis
In den Weltenrhythmen Seelen-begnadend.
Kyriotetes, Dynamis, Exusiai,
Lasset vom Osten befeuern,
Was durch den Westen sich gestaltet;
Dieses spricht:
In Christo morimur.
Das hören die Elementargeister
Im Osten, Westen, Norden, Süden:
Menschen mögen es hören.

Menschenseele!
Du lebest im ruhenden Haupte,
Das dir aus Ewigkeitsgründen
Die Weltgedanken erschließet:
Übe Geist-Erschauen
In Gedanken-Ruhe,
Wo die ew'gen Götterziele
Welten-Wesens-Licht
Dem eignen Ich
Zu freiem Wollen
Schenken;
Und du wirst wahrhaft denken
In Menschen-Geistes-Gründen.
Denn es walten des Geistes Weltgedanken
Im Weltenwesen Licht-erflehend.
Archai, Archangeloi, Angeloi,
Lasset aus den Tiefen erbitten,

Was in den Höhen erhöret wird;
Dieses spricht:
Per spiritum sanctum reviviscimus.
Das hören die Elementargeister
Im Osten, Westen, Norden, Süden:
Menschen mögen es hören.

In der Zeiten Wende
Trat das Welten-Geistes-Licht
In den irdischen Wesensstrom;
Nacht-Dunkel
Hatte ausgewaltet;
Taghelles Licht
Erstrahlte in Menschenseelen;
Licht,
Das erwärmet
Die armen Hirtenherzen;
Licht,
Das erleuchtet
Die weisen Königshäupter.

Göttliches Licht,
Christus-Sonne,
Erwärme
Unsere Herzen;
Erleuchte
Unsere Häupter;
Dass gut werde,
Was wir aus Herzen
Gründen,
Aus Häuptern
Zielvoll führen wollen.

Thomas von Aquin wird von Berthold Wulf zitiert, ein Ausschnitt aus dem, was Thomas von Aquin in seiner „Summa Theologiae" geschrieben hat:

„Dies aber, was über Gott oben vorgetragen wurde, haben mehrere Philosophen der Heiden scharfsinnig erwogen, obwohl etliche von ihnen bezüglich des Obengesagten irrten. Es wird uns aber in der Lehre der christlichen Religion noch anderes über Gott mitgeteilt, wozu sie nicht gelangen konnten, worüber wir aber gemäß dem christlichen Glauben über menschlichen Sinn hinaus unterrichtet werden, nämlich, dass Gott, obwohl Er ein einziger und einfacher ist … dennoch Gott Vater und Gott Sohn und Gott Heiliger Geist ist, und diese drei nicht drei Götter, sondern ein einziger Gott sind…"

„Auch wird dem Menschen dadurch, durch die Menschwerdung Christi, ein gewisses Beispiel für jene selige Vereinigung gegeben, durch die der erschaffene Verstand mit dem unerschaffenen Geist im Verstehen vereinigt wird. Es bleibt nämlich nicht unglaublich, dass der Verstand des Geschöpfes mit Gott vereinigt werden kann, indem er dessen Wesen schaut, nachdem Gott mit dem Menschen vereinigt wurde, indem er seine Natur nahm. Dadurch wird auch in gewisser Weise die Gesamtheit des göttlichen Werkes vollendet, indem der Mensch, der zuletzt erschaffen wurde, in einer Art Kreislauf zu seinem Ursprung zurückkehrt, nachdem er durch das Werk der Menschwerdung mit eben dem Ursprung der Dinge vereinigt ist."

Es ist ein schwieriger Text, aber Thomas versucht hier – und das ist eine sehr besondere Passage –, zu erläutern, dass es nicht unglaublich ist, dass man es also glauben kann, dass es einmal so weit kommen könnte, dass der geschaffene Verstand sich mit dem ungeschaffenen Geist vereinigt. Das Geschöpf könnte das Wesen Gottes schauen, und diese Möglichkeit hätte der Mensch dadurch bekommen, dass sich das göttliche Wesen selbst mit der menschlichen Natur vereinigt hat.

*

Im Grundsteinspruch wird die Menschenseele angerufen, also wir. Rudolf Steiner hat diese Menschenseele für uns in ihrer Gliederung in das Wollen, Fühlen und Denken gegeben.

Innerhalb dieser drei Glieder hat er dann noch drei weitere Gliederungen gemacht, das tut er schon in einer viel früheren Zeit, schon zu der Zeit der Theosophischen Gesellschaft, wo er eine Zeichnung – eigentlich ein Schema – der Dreigliederung gibt, da dann das Wollen wiederum in ein Wollen des Willens, ein Fühlen des Willens und ein

Denken des Willens unterteilt und dann angibt, dass das Wollen des Willens das Physische ist, das Fühlen des Willens das Ätherische und das Denken des Willens der Astralleib ist.[5] Dem Ganzen gibt er dann die Bedeutung der physischen Kraft. Als er dies mit der kabbalistischen Weisheit in Verbindung bringt, sagt er: Wollen des Willens ist das Fundament, Fühlen des Willens ist die Herrlichkeit, Denken des Willens ist der Schein. Die Gesamtheit des Willens gehört zur *Kraft*, das Wollen des Willens ist physische Kraft, das Fühlen des Willens ist Lebenskraft, und das Denken des Willens ist Gedächtniskraft.

Die eigentliche menschliche Seele liegt im Gebiet des Fühlens an sich. Dann kann man unterscheiden: ein Wollen des Fühlens, Empfindungsseele; ein Fühlen des Fühlens, Verstandes- und Gemütsseele; ein Denken des Fühlens, Bewusstseinsseele. Das Ganze ist Seele und gehört zum Gebiet der *Erscheinung*. Im Wollen des Fühlens erscheint der Raum. Im Fühlen des Fühlens erscheint die Zeit, und im Denken des Fühlens erscheint die Position. In der kabbalistischen Weisheit sind das Liebe, Gnade und Gerechtigkeit. Rudolf Steiner nennt dabei noch: Wahrnehmung, Vorstellung, Gedanke.

Oberhalb des Gebietes der Seele lebt das Gebiet des Geistes im Wollen des Denkens, Fühlen des Denkens und Denken des Denkens: Manas, Buddhi, Atman. In der kabbalistischen Weisheit: Intelligenz, Weisheit und die Krone.

Diese drei-mal-drei-gliedrige Seele erscheint in dem Reich auf Erden als Substanz, das heißt als anwesendes Wesen, das zur Erscheinung gekommen ist und sich selbst begreifen kann. Da leben die drei großen Kategorien Substanz, Form und Bewusstsein. Substanz im Reich des Seins, Form im Reich der Erscheinung und Bewusstsein im Reich des Geistes.

Im Grundsteinspruch fühlt man sich im Gebiet des Fühlens aufgerufen. Die Menschenseele wird aufgerufen. Im Wollen des Fühlens lebt die Menschenseele im Raum, im Fühlen des Fühlens lebt die Menschenseele in der Zeit, und im Denken des Fühlens lebt die Menschenseele im Suchen nach der Position, dem Standpunkt. Hier, in diesem Mitte-Gebiet der Seele sind wir bewusst, hier liegt unser Alltagsbewusstsein, und wir

---

[5] Siehe Abbildung S. 147 und 149.

hören im Grundsteinspruch den Aufruf, sich aus diesem Seelengebiet heraus zu erweitern und sich mit den Tiefen durch das Geist-Erinnern zu vereinen; sich in der Horizontalen durch das Geist-Besinnen zu erweitern; und im Geist-Erschauen sich zum Geiste zu erheben.

Der mittlere Aufruf zum *Geist-Besinnen* ist dann schon etwas, was die Menschenseele in das Gebiet der Läuterung der Seele bringt, weil ihr da die Frage begegnet, nicht mit sich selbst verwachsen zu bleiben, sondern sich zu besinnen. Man besinnt sich, wenn man den Blick auf das richtet, was man eigentlich *ist.* Es ist im Entwicklungsweg notwendig, dass man diesen Schritt machen kann. Damit stirbt man eigentlich für sich selbst, nimmt Abstand von sich selbst, aber zugleich vereinigt man sich mit dem, was mehr ist als man selbst. Das eigene Ich vereinigt sich mit dem Welten-Ich, indem es sich die Fähigkeit erwirbt, nicht in sich selbst zu bleiben, sondern zu lernen, neben sich selbst zu stehen und besinnend in der Seele weiterzuleben. Nur dann kann man diesen Aufruf zum Geiste verstehen, hören und befolgen, indem man die Kraft erwirbt, in diesem Neben-sich-selbst-Stehen dies auch ganz „oberhalb“, sozusagen, zu können, nämlich das eigene Denken anzuschauen, ohne dass es noch denkt. Da wird die Menschenseele aufgerufen, in dem ruhenden Haupte auch das Denken zur Ruhe zu bringen. Und mit dem Licht, das geschenkt wird, zu schauen, was außerhalb des eigenen Denkens gedacht wird.

In einem der Vorträge bei der Eröffnung der Weihnachtstagung, wo er dann diesen Spruch einführt, spricht Steiner über diese Dreigliederung des Menschen und weist dann auf die drei großen Weltgebiete hin, an denen die menschliche Seele teilhat. Er verweist darauf, dass aus dem Gebiet der väterlichen Liebessubstanz etwas genommen ist, eine Substanz genommen ist, die mit Hilfe der weltbildenden Kraft gebildet ist, die imaginative Urbildkraft, und dass das Glanzlicht dazu da ist, um auch ein Bewusstsein davon zu haben. Das sind die drei Hauptkategorien, könnte man sagen, wobei diese väterliche Liebessubstanz die Kraft des Seins ist, die urbildende Imagination die formende Kraft in der Mitte ist, wodurch der Grundstein seine Form erhält. Im Gebiet des Bewustseins liegt das Glanzlicht, das die gebildete Liebessubstanz bewusst macht, sichtbar macht. Das ist das Licht des Geistes, in dem die Seele zu einem Auferstehen, einem Reviviscimus gebracht wird.

Die Kategorien des Aristoteles, die mit dem rein physischen Dasein zu tun haben, sind die Kategorien Qualität, Quantität und das Vergleichen im Verstand. Das sind die drei Kategorien, die man im Gebiet des wollenden Willens, des fühlenden Willens und des denkenden Willens finden kann. Quantität, Qualität, Relation. Im Gebiet der Erscheinung, wo das Seelenleben bildend erscheint, erscheinen Raum, Zeit und Position, Standpunkt. Standpunkt im Denken, Position mehr in der äußeren Erscheinung. Und die eigentlichen Kategorien des Geistes sind die Kategorien Tun und Leiden; sie haben nichts mit Dingen zu tun, auch nichts mit äußerer Erscheinung, sondern dies sind wirklich geistige Wirksamkeiten, eine aktive und eine zurückgehaltene Wirksamkeit, und dann als allerhöchstes das Denken des Denkens, die Krone – und das ist das eigentliche Wesen.

Wir werden uns noch meditativ darin vertiefen und durch diese meditative Vertiefung den Zusammenhang mit den Gliederungen im Grundstein finden. Ich kann jetzt nur diese drei Hauptkategorien angeben, die die anderen neun umfassen und die man auch dann, wenn man die aristotelischen Kategorien in der Seele findet, nicht im Wollen, Fühlen und Denken findet, sondern in ihrer Verwirklichung, wenn das Wesen zur Erscheinung kommt.

Da liegt das Mysterium von Thomas von Aquin, wenn er beschreibt, dass hier das Geschaffene Verbindung mit dem Ungeschaffenen bekommt. Da liegt der Übergang von dem, was in den aristotelischen Kategorien verborgen liegt, zu dem Grundsteinspruch. Das zeigt sich dann im vierten Teil des Grundsteines, wenn dort über die Zeitenwende gesprochen wird.

In aller Vollkommenheit kam in der Zeitenwende dasjenige Wesen zur Erscheinung, in dem das Bewusstsein absolut, vollkommen war. Wir wissen von Rudolf Steiner, dass man, wenn man sich das Leben von Christus auf Erden vorstellen soll, sich einen Menschen vorstellen muss, bei dem nichts unbekannt, undurchschaut oder unbewusst war. So, wie wir unsere Schritte im Leben zum Beispiel aufgrund der Kraft unseres Schicksals setzen und wir unsere Schritte nach unbekannten Wirkungen der Sterne setzen, so muss man sich vorstellen, dass Christus wirklich jeden Augenaufschlag, jede Bewegung in Verbindung mit dem Kosmos bewusst getan hat.

Also die drei großen Hauptkategorien *Bewusstsein*, *Form* und *Substanz* kann man am besten verstehen, wenn man dies anhand eines solchen Beispiels von Thomas von Aquin oder anhand dessen tut, was Rudolf Steiner in dem letzten Teil des Grundsteins gegeben hat.

Denken, Fühlen und Wollen als menschliche Seelenqualitäten sind in dem Grundstein gegeben. Aber darüber noch hinaus geht das Dasein auf Erden, wo dasjenige verwirklicht werden kann, was in einer immer vollkommener werdenden Erscheinung des eigentlichen Wesens und der Selbsterkenntnis, die dann zugleich Welsterkenntnis sein wird, besteht.

In philosophischem Sinne hat Rudolf Steiner dies unter anderem in seinem Autoreferat über den Vortrag „Philosophie und Anthroposophie" gegeben. Er sagt dort, dass der Mensch im „Ich" drei Standpunkte in einem hat, nämlich dass er ein Ich hat, das bereits existierte, bevor er hier war, ein Ich ante rem; dann das Ich, das hier jetzt inkarniert ist, als zur Erscheinung gekommenes Wesen, das Ich in re; aber dann hat er noch die Möglichkeit, dieses Ich auch zu verstehen, also zu wahrer Selbsterkenntnis zu kommen, und das ist das Ich post rem. Damit ist das Reich des Vaters, ante rem, das Reich des Sohnes, in re, und das Reich des heiligen Geistes, post rem, gegeben.

Das ist im Ich als Potenz anwesend, und das ist es, was als „Menschenseele" aufgerufen wird, zu einem Geist-Erinnern zu kommen, womit man mit der Seele nicht in der Horizontalen bleibt, sondern versucht, aus dem wollenden Willen, dem fühlenden Willen und dem denkenden Willen zu schöpfen; dass man in der Horizontalen lernt, außerhalb seiner selbst zu stehen und nicht mit sich selbst verwachsen zu bleiben; und dass man im Geistgebiet lernt, das Denken so zu haben, dass es ein schauendes Denken ist und nicht das Bilden eigener Urteile und Meinungen. Das ist dann das Resultat der Philosophie der Freiheit: *Freiheit und Liebe.*

*

Es wird nach der Anzahl der Kategorien gefragt.

Aristoteles gibt zehn, Rudolf Steiner nennt acht und stellt zwei, Substanz und Haben, beiseite, wobei er dem *Haben* dann einen anderen Namen gibt, nämlich *Verhalten*, wodurch man in die Richtung gebracht wird, dass man es mehr in Beweglichkeit sehen muss. Letztlich sind die Kategorien *Wesen* und *Erscheinung* dann im Grundwerk Rudolf Steiners zu finden, er spricht sehr deutlich darüber, nennt es aber nicht Kategorien. Günther Schubert hat dann in den „Beiträgen"[6] versucht, darin eine Zwölfheit zu sehen, und er tut dies auch anhand der Zwölfheit des menschlichen Wesens, drei mal drei, Wollen, Fühlen, Denken, und dann der vierten Drei als Erscheinung auf Erden, wobei das eigentliche Wesen dann in der Substanz erscheint, indem es mit den anderen Kategorien als Eigenschaften wirksam wird. Das Wesen hat sie dann, diese Eigenschaften, aber man sieht: man kann das als eine teilweise unbewusste, teilweise aber auch bewusste Tätigkeit des Wesens sehen, das zur Erscheinung kommt und das in diesem Erscheinen Formen verwendet, die am geeignetsten sind, um das Wesen ganz zum Ausdruck zu bringen.

Es wird nach der Bedeutung der Entwicklung der drei Glieder im Ich, ante rem, in re und post rem, für das Leben nach dem Tod gefragt.

Ja, wenn man wirklich zu einem lebendigen Selbstbewusstsein kommt, dann wird man dies auch nach dem Tod haben. Dann hat man – man könnte sagen, dass man dann sich selbst als etwas hat, woran man anstößt. Man stößt an sein tätiges, kräftiges Denken, und dadurch weiß man, dass man da ist, während man hier auf Erden an der Materie anstößt, wodurch man weiß, dass man da ist; und das hat jeder, das ist das gewöhnliche Ich-Bewusstsein, dass man weiß, dass man da ist. Dies hat mit dem Materiellen des Daseins zu tun; das fällt ab, wenn man stirbt, und dann hat man also eigentlich keine Grundlage mehr für sein Ich-Bewusstsein, dieses wird dann von der geistigen Welt übernommen. Wenn man jedoch zu einem wirklichen Selbstbewusstein kommen könnte, welches wirklich geistig ist, hier auf Erden, könnte man das mitnehmen und dann erlangt man diese Freiheit auch in der geistigen Welt.

Dann stößt sich das Denken am Denken, und daraus entsteht dann

[6] Beiträge zur Rudolf Steiner Gesamtausgabe Nr. 29.

das Selbstbewusstsein. Während man sich auf Erden an den Dingen stößt, also auch in seinem Leib sich an sich selbst stößt, und dadurch weiß, dass man da ist. Aber dass man leibfrei im Ich ein Wissen vom Ich hat, das kann man sich nur durch meditative Übungen erwerben, das ist keine natürliche Gabe. Das ist es, was wir in all unseren Übungen versuchen zu tun – das Denken so kraftvoll zu machen, dass man es wahrnehmen kann, so dass man daran auch ein substantielles Etwas erlebt. Normalerweise ist es natürlich sehr flüchtig. Wenn es substantiell wird, dann stößt es sich an sich selbst, ohne physischen Leib.

Es wird nach der Wichtigkeit des Erdenlebens für den Weg zum Geist gefragt.

Das hat natürlich zwei Seiten. Man hat sein „Ich“, das durch Übung ein lebendiges Selbstbewusstsein erlangen kann, dass es ewig ist. Das kann man nur hier erwerben, auf Erden und nirgendwo anders. Also hier ist die Zeit, es zu erwerben. Und darum ist das Erdendasein so zentral wichtig, weil dies die Schule ist, in der man ist; und auf der anderen Seite wächst dann auch eine Sehnsucht und auch eine Art Pflichtgefühl, das, was man erwirbt, auch dem alltäglichen Leben zugute kommen zu lassen. Sonst ist es nicht auf Erden, sonst hat man es hier zwar erworben, bringt es aber nicht auf die Erde.

Es wird gefragt, ob Aristoteles bewusste Erinnerungen an eine vorherige Inkarnation hatte.

Nein, so darf man es nicht auffassen. Steiner sagt, dass er eine Erinnerung hatte, aber das haben wir auch; wir haben auch Dinge, die in einem aufsteigen können, und man weiß nicht, woher das kommt. Das kann etwas aus einer sehr fernen Vergangenheit sein, was jetzt dann eine gewaltige Einsicht ist, zum Beispiel. So muss man das sehen. Aristoteles hat ganz und gar nicht das Vorgeburtliche angenommen. Da liegt ein großer Übergang zwischen Plato und Aristoteles. Plato erkennt dies sehr wohl, im Sinne der vorgeburtlichen Ideenwelt. Er sieht wirklich noch, dass der Mensch nicht deshalb ein Erkenntnisvermögen hat, weil er die Dinge hier kennen lernt, sondern weil er sie hier *wieder*erkennt. Er lernt durch Wiedererkennen, und dies fällt bei

Aristoteles weg, er richtet sich wirklich ganz auf das Hier und Jetzt. Er sieht dann zwar eine Ewigkeit ab diesem Moment, also zur Zukunft hin, nicht aber zur Vergangenheit hin.

Es wird gefragt, wie Aristoteles sich dann das Zustandekommen von Erkenntnis dachte.

Das hat er natürlich schon als göttliche Gabe angesehen. Er gibt den Vergleich, dass man als Mensch in einer Situation sein kann, wo man ganz in der Gegenwärtigkeit ist und sich mit seinem Erleben, seinem Denken, seinem Wollen, mit allem zugleich in der Realität fühlt. Und er sagt dann: Das ist für einen Menschen etwas ganz Besonderes, doch für Gott ist das eigentlich das normale Dasein. In dieser Art seiner Erläuterungen kann man erleben, dass er das richtige Denkvermögen, die Intelligenz als vom Göttlichen kommend betrachtet; aber er beschreibt zum Beispiel nicht – was in der griechischen Zeit üblich war – die olympischen Götter, er spricht über einen, man könnte sagen: einen philosophischen Gott. Er versucht, philosophisch zu ergründen, wie Gott sein müsste, wenn man seine Existenz erlebt, was das dann ist. Aber ein Wissen davon zu haben, dass das, was man kann, aus einem vorgeburtlichen Leben und aus früheren Inkarnationen kommt, ist bei Plato noch anwesend, bei Aristoteles jedoch nicht mehr. Und das bleibt dann bis in das 18., 19. Jahrhundert, bis in unsere Zeit so.

Es wird gefragt, ob Aristoteles als ein „Realist" (im Gegensatz zu einem Nominalisten) betrachtet werden könne.

Ja, wenn man das damals schon so sagen kann. Aber das ist auf jeden Fall so. Ich habe schon oft auf den Dialog mit Kratylos hingewiesen. Sokrates und Kratylos führen in einem Dialog von Plato ein Gespräch, wo gerade dies zum Ausdruck kommt. Kratylos ist der Vertreter des aristotelischen Prinzips. Der Dialog ist ausgesprochen interessant, ich kann es jedem nur raten, ihn zu studieren. In ihm kommt nämlich die Auseinandersetzung mit Sokrates und Hermogenes vor. Hermogenes behauptet, dass alles von Menschen Erdachte Namen bekommen hat, und Sokrates nimmt den Standpunkt ein – man weiß nicht genau, was er wirklich findet –, dass in der Urzeit weise Wesen für diese Namen gesorgt haben. Kratylos hat den Standpunkt, dass ein Name nie verkehrt sein kann, weil das Ding seinen Namen ausspricht, dass es also keine Namens*gebung* ist, sondern dass das Ding so heißt, weil es nun einmal so heißt, so ist, und dies dann natürlich in verschiedenen Äthersphären, in verschiedenen Sprachen.

Da hat man also das, was später in der Scholastik die Auseinandersetzung zwischen Nominalismus und Realismus wurde, dafür hat man hier schon eine Art Vorboten. Kratylos ist der Vertreter des Realismus, nämlich dass die Dinge nicht einfach Namen haben, sondern dass die Dinge ein Wesen aussprechen und dass unsere Sprache also eigentlich etwas Reales ist und nicht aus etwas Erdachtem besteht.

Das wird heute, in unserem Computerzeitalter, vielleicht sehr wohl anders, wenn man all die Namensgebungen sieht, obwohl ich auch da noch oft denke, dass es dennoch das Wesen selbst ist, was spricht. Man denke an „world wide web", wie könnte man es besser sagen... Aber man hat natürlich in so einer Programmiersprache – wovon ich zum Glück weiter keine Vorstellung habe, was das ist – wirklich erdachte Dinge, die man dann handhaben kann. Letztendlich also wird alles doch auch wahr – und ist der Nominalismus auf bestimmten Gebieten auch berechtigt.

Durch die Meditation des Grundsteinspruches kann man diesen Grundstein in sich selbst bilden. Wäre es auch möglich, durch die Kategorien zum Bilden des Grundsteins zu kommen?

Vorläufig würde ich darauf antworten wollen, dass man, wenn man die Kategorien bis in die Tiefe verfolgt, also bis in das Willensgebiet des Denkens vordringt, so etwas wie den Grundstein findet. Doch dann müsste man Rudolf Steiner sein, um das auch so umsetzen zu können, dass es ein Spruch wird. Ich denke, dass er das so gemacht hat. Man muss es nicht wörtlich nehmen, nicht dass man denkt, ich sage nun: er hat die Kategorien genommen, hat diese meditiert und hat daraus den Grundstein geschaffen, so nicht. Aber wenn man die Kategorien vertieft und vertieft und vertieft, dann bringen sie einen in bestimmte Gebiete des eigenen viergliedrigen menschlichen Wesens, die eine Entsprechung haben, die dasselbe sind wie die Gebiete, in die man kommt, wenn man den Grundstein meditiert.

Im Grundsteinspruch werden auch die Wesen angerufen.

Ich könnte mir vorstellen, dass man zu dem *Sein* dieser Wesen kommen kann, also auch zur Substanz des Grundsteins kommen kann, aber die Formgebung dessen, wie sie in diesem Spruch geschehen ist, ist noch ein zweiter Aspekt. Dann hat man nicht nur die Liebessubstanz, sondern man hat auch noch die bildende Kraft, mit der die Liebessubstanz gebildet ist. Das ist es, was man zwischen dem Rhythmus von Herz und Lunge findet, da ist das zu finden, und das scheint mir mit den Kategorien sehr schwer zu sein – auch dieses bildende Prinzip dann zu finden.

Ist der Grundstein eine Metamorphose der Kategorien?

Ja. Die Kategorien sind von Aristoteles, vor Christus. Der Grundstein gehört in unsere Zeit. Das ist genau das, was Thomas schon voraussagt, wobei man das Gefühl hat, er muss noch in einer Zeit leben, in der das noch nicht in dieser Weise Wirklichkeit werden kann. Vielleicht war es in ihm Wirklichkeit, aber er kann es nur andeuten; hätte er es wirklich ausgesprochen, wäre er in große Konflikte mit der katholischen Kirche gekommen; so wie es auch bei Rudolf noch gewesen ist.

ZWEITE ARBEITSGRUPPE

Rotterdam, 24. November 2012

Wir sind im Oktober von dem wollenden Fühlen ausgegangen. Wir haben versucht, die unmittelbare Gewahrwerdung zu erleben, mit den Farben, danach die Vorstellung und dann den Gedanken darüber.[7]

Man kann sagen: Im fühlenden Wollen hat man die Wahrnehmung, die dann über das denkende Wollen im wollenden Fühlen zur Gewahrwerdung wird, im fühlenden Fühlen Vorstellung und im denkenden Fühlen Gedanke wird. Von diesem Ausgangspunkt im Fühlen, wo wir dann auch das gewöhnliche Denkleben in Form von Vorstellung und Gedanke finden, geht der Aufruf an die Menschenseele aus, der uns zuruft, hier nicht stehenzubleiben, sondern zu *erinnern*, das heißt, dass wir den inneren Blick auf das Willensgebiet richten.

Ausgehend von dem Bewusstsein, das wir in der Seele haben, sind wir nicht imstande, wach in das Willensgebiet vorzudringen. Durch das „Geist-Erinnern" versuchen wir, hiermit in Kontakt zu kommen, von Natur aus haben wir keine Möglichkeit, da Bewusstsein zu haben. Wenn man hier beginnt, müsste man von der Geisteswissenschaft Gebrauch machen, zum Beispiel von der „Geheimwissenschaft", die in ihrer Gesamtheit ein Geist-Erinnern ist. Dann könnte man da Zugang zu einem Inhalt finden. Doch vom Gefühlsbewusstsein selbst aus, wie wir es haben, in dem also ein Stück Denken steckt, das einen Zusammenhang in Wahrnehmung, Vorstellung und Gedanke hat, können wir nicht in das Geist-Erinnern kommen; man kann es natürlich üben, aber man kommt nicht so ohne Weiteres hinein. Der Aufruf ertönt, und er ertönt als erster:

Menschenseele!
Du lebest in den Gliedern,
Die dich durch die Raumeswelt
Im Geistesmeereswesen tragen:
Übe Geist-Erinnern
In Seelentiefen,

---

[7] Siehe Schema S. 149.

Wo in waltendem
Weltenschöpfer-Sein
Das eigne Ich
Im Gottes-Ich
Erweset;
Und Du wirst wahrhaft leben
Im Menschen-Welten-Wesen.

Denn es waltet der Vater-Geist der Höhen
In den Weltentiefen Sein-erzeugend.
Seraphim, Cherubim, Throne,
Lasset aus den Höhen erklingen,
Was in den Tiefen das Echo findet;
Dieses spricht:
Ex Deo Nascimur.
Das hören die Elementargeister
Im Osten, Westen, Norden, Süden:
Menschen mögen es hören.

Wir begeben uns mit diesem ersten Teil, der von unseren Möglichkeiten, von unserem Bewusstsein am weitesten entfernt liegt, in das Gebiet des Seins, des Wesens, das heißt, das in der Zeit verlaufende, werdende Sein, das ist das Wesen. Also nicht Wesen im Sinne von Wesen, von Individualität, sondern Wesen im Sinne von *sich bildendem Sein*, sich entwickelndem Sein. Und als Erdenmenschen haben wir damit Fühlung oder Kenntnis, Wissen davon, wenn wir Fühlung mit der Kategorie Substanz haben. Wenn ich Sie sehe, dann sehe ich ebenso viele seiende Wesen, die das *Sein* des Wesens, das *Sein* der Individualität, die anwesend ist, erkennen können. Das ist es, was die Kategorie Substanz uns gibt. Das ist nicht das allgemeine Sein, sondern das individualisierte Sein. Wir haben hier bei einem vorigen Male versucht, einen Eindruck von dieser *Kategorie Substanz* zu bekommen, und haben dabei eine gewisse Einsicht in die Tatsache bekommen, dass es spezifische Anwesenheit ist. Nicht mehr beschrieben, sondern unmittelbar erlebt. Da liegen die Berührungspunkte zu diesem ersten Aufruf an die Menschenseele.

Man kann dadurch allmählich die Intensität, die Kraft, die Dichte jenes physischen Willensgebietes erleben, wo das wirkliche *Sein* lebt und womit wir mit unserem gewöhnlichen Bewusstsein nicht unmittelbar Kontakt haben, außer dass wir wissen, wann *etwas ist.* Und weil man weiß, wann etwas ist, hat man, wenn man dies vertieft, wirklich Kontakt mit dem Sein. Dazu werden wir in diesem ersten Teil aufgerufen, und dieses *Sein* können wir nicht in unserem Denken suchen, auch nicht im Fühlen, sondern das müssen wir im Willen suchen – und der Wille lebt in den Gliedmaßen.

Wenn man sagt „Du lebest in den Gliedern, die dich durch die Raumeswelt…", hat man eigentlich noch das Wollen des Fühlens, im Gebiet des Raumes, in das uns die Gliedmaßen tragen, und dann kommt der Aufruf, tiefer zu gehen, in die Tiefe der Seele, durch ein Erinnern, wodurch man Fühlung bekommt – ich habe dafür kein anderes Wort, denn es ist kein Denken, sondern es ist ein Tasten, was man dann in der Tiefe tut –, wo man Fühlung mit dieser tieferen Welt der Gliedmaßen bekommt, von der man normalerweise kein Bewusstsein hat.

Ich bitte Sie also nun darum, diesen ersten Satz einmal meditativ zu verstärken, zu vertiefen. „Menschenseele, du lebest in den Gliedern, die dich durch die Raumeswelt in das Geistesmeereswesen tragen"…

„Geistesmeereswesen" bedeutet sehr viel, aber man kann hier eine Ahnung bekommen, was es bedeutet, nämlich das Meer, der Ozean, das Umfassende, die Größe des Geistes als Wesen.

Der Raum ist natürlich nicht geistleer; der Raum hält sich selbst, könnte man sagen, bis zum Umkreis, aber er ist zugleich auch von Geist erfüllt, und dieser Aspekt lebt in unseren Gliedmaßen. Damit bewegen wir uns darin, ohne dass wir uns dessen bewusst sein können, und hier wird der Aufruf gegeben, dabei innezuhalten.

„Menschenseele, du lebest in den Gliedern, die dich durch die Raumeswelt in das Geistesmeereswesen tragen."

Es gibt zwei Versionen dieser Zeile. Bernhard Lievegoed sagt: in *das* Geistesmeereswesen, und in der Gesamtausgabe steht: in *dem* Geistesmeereswesen. „In *das*" ist die Richtung, dann würde man also sagen, man wird dahin getragen; und „in *dem*" ist natürlich, dass man darinnen ist, dass man *darin* getragen wird. Also das muss der Vollständigkeit wegen noch bemerkt werden.

Wahrscheinlich hat Rudolf Steiner beides gesagt. In dieser Weise gibt es auch Versionen, die sagen „Das hören die Geister", und Versionen, die „Elementargeister" sagen, Versionen, bei denen nur die Hierarchien genannt werden, aber auch solche, wo Kräftegeister, Lichtgeister und Seelengeister gesagt wird.

„Übe Geist-Erinnern in Seelentiefen."

Dabei müssen wir uns diese Bewegung vorstellen, die von dem noch bewussten Gewahrwerden der Seele zu den tieferen Tiefen der Seele führt; was man dann tut, ist ein „Geist-Erinnern".
Hier wird man in die Tiefe geführt, zu dem wirklichen Willensgebiet, wo sich das substantielle Sein befindet, was man natürlich nicht wirklich gewahr werden kann, ohne in der Höhe des wirklichen Geistes gewesen zu sein; aber so ist die Komposition des Spruches, dass er da beginnt, bei dem Zu-Bewusstsein-Kommen der Bewegungsseite der Seele.

Man darf dies nicht auffassen als ein Hineingehen in den Leib, sondern in die Tiefe der Seele. Also insoweit die Seele in den Gliedmaßen lebt: Menschenseele!, die in den Gliedmaßen lebt. Es geht nicht um den Leib selbst, das wirklich bewusst erkennende Hineingehen in den Leib liegt noch viel weiter weg. Dies ist ein Bewusstwerden der *Seele in den Gliedmaßen.* Zumindest wird man dazu aufgerufen, dass man ein Bewusstsein des Lebens, der Seele in den Gliedmaßen entwickelt. Und wenn man bis dahin vordringen kann, dann fühlt man, dass man in einem Ozean von Geist getragen wird, der nicht die genau umschriebene Begrenzung hat, die man im Denken gewohnt ist, wo es Konturen gibt; und in der Außenwelt hat man das auch. Wenn man jedoch in dieser Willenswelt versucht, Fühlung zu bekommen mit dem, was da ist, dann ist das ein Ozean von Geist.

„Übe Geist-Erinnern in Seelentiefen, wo in waltendem Weltenschöpfer-Sein das eigene Ich im Gottes-Ich erweset."

Indem man sich in den Seelentiefen erinnert, kann man erleben, fühlen, ahnen, dass in dem dort herrschenden Weltenschöpfer-Sein das eigene Ich sich im Schoße des göttlichen Ichs entwickelt.

„Und du wirst wahrhaft leben im Menschen-Welten-Wesen.“

Und dann kommt der makrokosmische Aspekt:

„Denn es waltet der Vater-Geist der Höhen, in den Weltentiefen Sein-erzeugend.“

Das Bewusstwerden der Kategorie Substanz ist tatsächlich auch ein Bewusstwerden dessen, wie in den Weltentiefen Sein erzeugt wird.

Unser Erdendasein, das einen materiellen Aspekt bekommen hat, ist ein Ahrimanisch-Werden des Vaterprinzips. Ahriman sorgt dafür, dass das Sein so dicht wird, dass es materiell ist, und das ist zu weit gegangen. Man muss das wirkliche *Sein* also nicht als materielles Sein vorstellen, nicht in dem Sinne, dass man sich daran stößt, sondern als das wirklich anwesende Sein, das *Sein* in diesem Sinne.

Dann werden die höheren Hierarchien angerufen, und es folgt der erste Teil des Rosenkreuzerspruches: Ex Deo Nascimur.

*

Im zweiten Teil des Grundsteinspruches wird die Menschenseele dazu aufgerufen, das ihr bekannte Seelengebiet zu erweitern. Wir haben hier unser Gefühlsgebiet und – nun, das ist nicht zu zeichnen, aber es ist eigentlich dies, worin wir aufgenommen werden. Man bekommt eine Erweiterung in der Horizontalen (es wird an die Tafel gezeichnet). Im ersten Teil konnten wir sagen: wir gehen in die Tiefe, aber hier gehen wir in die Horizontale.

Die Welt des Fühlens finden wir im Rhythmus, oder besser gesagt zwischen dem Rhythmus von Atmung und Herz. Da liegt ein Mysterium. Da kommt die Kraft der Weltenimagination in die Seele hinein, da berühren wir die eigentliche Formkraft, die uns erscheinen lässt, wie wir sind, die aber auch im Grundstein die Form des Pentagondodekaeders annimmt.[8]

---

[8] Siehe die Abbildung von Diederik van Leeuwen, S. 148.

In der Willenswelt hatten wir die Substanz, hier finden wir die *Form* im Grundstein. Die Substanz nimmt die Form eines Pentagondodekaeders an, ein zwölffaches Fünfeck könnte man sagen, so dass es eine zwölffach abgeflachte Kugel wird. Im menschlichen Leib erscheint durch diese Formkraft der Mensch; also alles, was menschliche Form ist, geht aus dieser formenden imaginativen Kraft hervor.

Menschenseele!
Du lebest in dem Herzens-Lungen-Schlage,
Der dich durch den Zeitenrhythmus
Ins eigene Seelenwesensfühlen leitet:
Übe Geist-Besinnen
Im Seelengleichgewichte,
Wo die wogenden
Welten-Werde-Taten
Das eigne Ich
Dem Welten-Ich
Vereinen;
Und du wirst wahrhaft fühlen
Im Menschen-Seelen-Wirken.

Denn es waltet der Christus-Wille im Umkreis
In den Weltenrhythmen Seelen-begnadend.
Kyriotetes, Dynamis, Exusiai,
Lasset vom Osten befeuern,
Was durch den Westen sich gestaltet;
Dieses spricht:
In Christo morimur.
Das hören die Elementargeister
Im Osten, Westen, Norden, Süden:
Menschen mögen es hören.

Die großen kosmischen Rhythmen kommen zwischen dem Rhythmus der Atmung und dem des Herzens, der Zirkulation, hinein. Dazu werden wir in dem ersten Satz aufgerufen, uns bewusst zu werden: Du lebest in dem Herzens-Lungen-Schlage, der dich durch den Zeitenrhythmus ins eigene Seelenwesensfühlen leitet.

Darin wollen wir uns vertiefen. Und man kann dann auch wirklich versuchen, zwischen Herz- und Lungenrhythmus zu fühlen.

„Übe Geist-Besinnen im Seelengleichgewichte."

Rudolf Steiner hat beschrieben, dass das göttliche Ziel in Bezug auf den Menschen ursprünglich war, dass das Ich außerhalb der Seele stünde und da aus einer Zuschauerposition heraus die Seelenbewegungen wahrnehmen würde. Dann ist Luzifer gekommen, und dieser hat den Menschen verführt, mit dem Ich in die Seele unterzutauchen, so dass das Ich die Seele von innen wahrnehmen kann und dies nicht von außen tun muss. Das Ich hat sich also mit der Seele vereinigt, ist darin untergetaucht – und wäre darin ertrunken, wenn Luzifer nicht ein Geschenk gegeben hätte, nämlich das Ego. Das gewöhnliche Ich-Gefühl, das alles für sich selbst will, wünscht, erstrebt, ist das Bewusstsein, das jetzt im Ich anwesend ist, während es *in* der Seele steckt.

Und hier ertönt der Aufruf: Übe Geist-Besinnen, und das kann man nicht anders auffassen als ein Streben nach dem Einnehmen einer richtigen Position in Bezug auf die Seele. Das heißt, man muss also wieder in einen Zustand eines Wahrnehmens dessen kommen, was sich in der Seele abspielt, ohne damit verwachsen zu sein. Doch das ist für den Menschen wie das Erleben eines Sterbeprozesses, weil er sich aus seiner eigenen Wärme und eigenen Lust *neben* sich versetzen muss. Das ist der Prozess des Geist-Besinnens, wo die wogenden Welten-Werde-Taten das eigne Ich dem Welten-Ich vereinen. Dann geht das eigene Ich über in das Welten-Ich, vereinigt sich damit und steht damit wieder außerhalb des Seelengebietes.

„Und du wirst wahrhaft fühlen im Menschen-Seelen-Wirken."

Man befindet sich hier also eigentlich in einer Vorbereitung, wo man lernt, sich innerlich außerhalb seiner selbst zu versetzen, um es schließlich in der folgenden Phase des Grundsteinspruches zu schaffen, sich dann auch hoch oben im Denken außerhalb seiner selbst zu versetzen und dann mit dem, was man da erwirbt, die Hingabe an das, was geschieht, auch wieder zurück in das Willensgebiet leiten zu können, wobei dann schließlich auch der Wille so wird, dass man auch da außerhalb steht, im Grunde mit einem anderen Willen.

Das Fühlen des Fühlens entspricht der Verstandes-Gemütsseele, das denkende Fühlen der Bewusstseinsseele. Und hier, in dieser Bewusstseinsseele, wird das gesucht, dass man ein Bewusstsein der eigenen Seele erwirbt, wodurch man in die Besinnung kommt. Da liegt also ein Übergang zum Geistprinzip (Manas, Buddhi, Atman).

Die Empfindungsseele, das wollende Fühlen, ist relativ rein geblieben. Man verdirbt sie mit Gedanken und Vorstellung, da kommt dann das Ich-Element, das niedere Ich-Element hinein. Es verdirbt die reine Gewahrwerdung, und in diesem Sinne wird die Empfindungsseele dann doch von Luzifer entzündet.

Man kann sich bei dem Herzens-Lungen-Schlage folgendes vorstellen: Das Herz liegt der Lunge an. Man nimmt den Sauerstoff nach innen, dann geht er über das Blut in das Herz, geht ganz durch den Leib, geht wieder zurück über das Herz, zurück zur Lunge und durch die Ausatmung wieder in die Welt hinein. Das ist ein großartiges Bild für die Besinnung: Wie man die Welt zu sich nimmt, durch das Herz hindurch, und wie man es dann wieder nach außen abgibt. Das ist ein schönes Bild dafür, wie genial dieser Bau ist und wie besonders er im Grundsteinspruch in Worte gefasst ist.

Das Wahrnehmen der Atmung ist ein physischer Aspekt, und das Wahrnehmen des Herzrhythmus ist ein physischer Aspekt, aber das Wahrnehmen des Verhältnisses, des Ineinanderspielens dieser zwei Rhythmen ist nicht mehr physisch, und das ist auch schwierig.

Man kann sich vorstellen, dass, wenn die Seele überhaupt nicht im Gleichgewicht ist, sondern in voller Aufregung, dass es dann nicht geht, dass man dann nicht diese Möglichkeit hat, in das richtige Verhältnis von Herz- und Lungenrhythmus zu kommen, auch weil dieser dann gestört ist; das ist also an sich schon eine tatsächliche Störung, in der man ist, wenn die Seele sehr aufgeregt ist – und dann wird davon natürlich auch der Rhythmus von Atmung und Herz beeinflusst, aber es geht noch weiter.

Es steht da: „im Seelengleichgewicht“. Da muss man die Seele zwischen den beiden großen Polaritäten sehen. Auf der einen Seite das Geistgebiet und auf der anderen Seite das physische Gebiet, die Seele vermittelt zwischen beiden und müsste eigentlich ein gleichgewichtiges Ganzes zwischen dem Geistgebiet und dem leiblichen Gebiet bilden. Je mehr man in die Dreigliederung eindringt, desto mehr fühlt man, wie nah der wirkliche Seinsaspekt in der Substanz steckt, im Willensgebiet; wie es einen, ja, man würde fast sagen, einen Mangel an Sein, an dieser Art Sein, im Geistgebiet gibt – es ist Licht, und das ist nicht *Sein* –; und wie sich dazwischen diese Form bewegt, die dann für die Imagination sorgt. In dieser Ebene müssen wir das Gleichgewicht suchen, das die Seele als Eigenschaft hat; das ist eigentlich ihre Aufgabe: zwischen dem hohen Geistgebiet und dem tiefen Willensgebiet zu vermitteln. Und in diesem Gleichgewicht findet die Besinnung statt.

Das Unterscheidungsvermögen für die drei Welten, Substanz, Erscheinung und Bewusstsein, wird durch das *Tun* immer stärker. Wenn man es so stehen sieht, können es auch Worte sein, es können auch Begriffe sein; es kann aber auch ein Gewahrwerden werden, so dass die Dichte der Substanz im Willensgebiet für einen wirklich eine Welt von *Sein* wird und dass darüber, im hohen Geistgebiet, *die Welt des Lichts* eine wirkliche Welt wird, also nicht ein Wort, auch nicht das äußere Licht, sondern ... nun ja, dazu kommen wir dann gleich. Und dass die Seele in einem rhythmischen Im-Gleichgewicht-Halten dieser beiden auseinander liegenden Gebiete, die absolut gegensätzlich sind, Vermittlerin zwischen ihnen ist und es auch möglich macht, dass das wirkliche menschliche Wesen als Substanz auf Erden erscheint.

Man kann dies nicht während eines körperlichen Trainings machen. Man muss sich schon hinsetzen. Wenn man sitzt, kann man es vielleicht besser, nachdem man im Wald gelaufen war und weiß, was das ist, Herzschlag und Atmung, es besser weiß, als wenn man das nicht macht. Wenn man dann auf seinem Stuhl sitzt, kann man versuchen, das zu erleben, sich dessen bewusst zu werden, aber es geht um den Zwischen-Rhythmus – und dazu hat man die Möglichkeit nicht, wenn man läuft, in den Zwischen-Rhythmus kommt man da nicht hinein. Dafür muss man den Leib wirklich sitzen oder liegen lassen.

Zwischen der Gewahrwerdung und der Vorstellung hat man die gewöhnlichen Imaginationen, wo also die Gewahrwerdung noch nicht

Vorstellung geworden ist. Die „Weltenimagination“ ist etwas viel Größeres.

Man muss sich bewusst machen, dass eine solche Übung, wie wir sie hier machen, auch eine Meditation ist. Aber es ist eine Meditation im Seelengebiet, wobei man mit der Seele, wie sie von Natur aus ist, nur ahnend einen Kontakt mit der Willenswelt bekommt, die so sehr in der Tiefe liegt. In derselben Weise kann man mit dem ungeschulten Seelenvermögen auch nur eine Ahnung davon bekommen, was zwischen Herz und Lunge spielt. Erst wenn man wirklich dazu kommt, das *Denken* zu entwickeln, über das Gedankenleben und das Vorstellungsleben hinaus, also in diesem Dritten leben kann, das noch nicht da steht (an der Tafel), kann man damit wirklich zur Imagination kommen, aber dann muss man doch zurückkehren, man kann sie da nicht finden.

Man muss doch zur Seele zurückkehren, muss zum Fühlen und zum Wollen zurück, um auch wirklich zu mehr zu kommen als nur zu einem Bewusstsein von Denkkraft oder von Anwesenheit des Denkens. Man muss die Denkkraft dann in den Willen und das Fühlen leiten.

Zuerst muss man die Willenskraft durch die Gefühlserscheinung hindurch hinauftragen bis in das Denken, und dafür braucht man eine Vorbereitung, davon sprechen wir hier in den Arbeitsgruppen auch immer wieder. Wenn man meditiert, und man beginnt einfach, ist man nicht genügend vorbereitet. Man könnte den Grundstein als einen systematischen Weg ansehen, sich dazu bereit zu machen, auch wirklich fruchtbar meditieren zu können.

Und wenn man dann mit diesem in der Höhe erworbenen Vermögen an Denkkraft in die verschiedenen Abschnitte des Grundsteins zurückkehrt, dann wird es eigentlich erst wirklich, was da steht. Man bekommt, wenn man beim Willen beginnt und dann zum Fühlen und zum Denken kommt, im Willen und Fühlen Vorbereitungen für das wahre Denken dessen, so dass man im Denken dann dasjenige kann, was man können muss, um in der Folge wirklich zu Imagination, Inspiration und Intuition kommen zu können.

Frage: Ist „Form“ eine Kategorie bei Aristoteles?

Nein, Form ist im Sinne von Aristoteles nicht eine Kategorie. Aber die *Erscheinung ist geformt*, könnte man sagen. Ich meine, wie der Geist oder das Wesen in der Substanz erscheint, das macht der Geist dank der Form. Das ist ein anderes Wort. Was dann erscheint, ist die Substanz. Es gibt fortwährende Übergänge, aber die Substanz ist das wirkliche *Sein*, das Erleben, dass da etwas anwesend ist, dass es *wirklich da ist*. Und die Erscheinung ist geformt. So, wie in dem Grundstein, im Pentagondodekaeder die Substanz die Liebe ist und die Form dann der Pentagondodekaeder ist, wobei dann als drittes noch das Glanzlicht hinzukommt.

„Denn es waltet der Christus-Wille im Umkreis, in den Weltenrhythmen Seelen begnadend."

So wird das Blut durch die Atmung, durch den Sauerstoff befeuert und finden wir im Kohlenstoff das Formprinzip, das Zu-Asche-Werden in den Organen. Man muss sich vorstellen, dass bei der Einatmung der Sauerstoff das Blut in Feuer und Flamme setzt, dass dies bis in die Organe gebracht wird, dass es da zu Kohle wird, zu Asche wird, um dann wieder ausgeatmet zu werden. Das ist die leibliche Seite von „Ost und West". Im Westen herrscht das Formprinzip und im Osten das Feuerprinzip.

*

Menschenseele!
Du lebest im ruhenden Haupte,
Das dir aus Ewigkeitsgründen
Die Weltgedanken erschließet:
Übe Geist-Erschauen
In Gedanken-Ruhe,
Wo die ew'gen Götterziele
Welten-Wesens-Licht
Dem eignen Ich
Zu freiem Wollen
Schenken;
Und du wirst wahrhaft denken
In Menschen-Geistes-Gründen.

Denn es walten des Geistes Weltgedanken
Im Weltenwesen Licht-erflehend.
Archai, Archangeloi, Angeloi,
Lasset aus den Tiefen erbitten,
Was in den Höhen erhöret wird;
Dieses spricht:
Per spiritum sanctum reviviscimus.
Das hören die Elementargeister
Im Osten, Westen, Norden, Süden;
Menschen mögen es hören.

Der erste Satz:

Menschenseele!
Du lebest im ruhenden Haupte,
Das dir aus Ewigkeitsgründen
Die Weltgedanken erschließet.

Wir wollen uns darin vertiefen.

Hier ersteigen wir die Stufen der eigentlichen Meditation, und in diesem Licht können wir die oberste Dreiheit sehen, das wollende Denken, das fühlende Denken und das denkende Denken. Bevor man aus seiner natürlichen Seele heraus soweit ist, dass man Gedankenruhe hat, muss man zuerst durch eine Phase gegangen sein, in der das Denken gerade sehr aktiv gemacht wird. Also das *Tun* des Denkens, das *Wollen* des Denkens, ist eine notwendige Vorphase, bevor man genügend Kraft hat, um auch das Denken zur Ruhe kommen lassen zu können. Würde man dies tun, ohne das Denken zuerst zu aktivieren, so würde man in sein gewöhnliches Gedankenleben zurückgleiten.

Die Weltgedanken erschließen sich uns nicht, wir werden nicht in die Lage kommen, die Weltgedanken anzuschauen, wenn das gewöhnliche Gedankenleben, das sich da in der Seele noch abspielt, fortwährend tätig ist. Das Haupt ist zwar immer ruhig; das Haupt an sich, als physischer Teil der Gestalt, macht eigentlich nirgendwo mit, es ist eigentlich immer Zuschauer. Doch innen ist es überhaupt nicht so ruhig. Man kann sagen, „im ruhenden Haupte“, das ist sicher so, doch erst wenn die *Denkruhe* eintritt, darf man erwarten, dass sich uns die Weltgedanken erschließen, dass sie für uns anschaubar werden. Sonst werden sie vom gewöhnlichen Gedankenleben übertönt.

Dazu dient die Meditation: so weit zu kommen, dass man denken kann, ohne zu denken. Dass man also mit seinem Denkvermögen nicht schwach wird und in das gewöhnliche Gedankenleben zurückfällt, oder in das völlige Nichtdenken, wenn das möglich wäre, das also nicht, sondern dass man mit seinem Willen über das Gedankenleben hinaussteigt. Und dann so stark, dass man das, was dann an Kräften, Gedankenleben, Denkleben entsteht, als Kraft haben kann, ohne dass da noch der Inhalt darinnen ist. Die Denkkraft ist dann also sehr wohl da, aber der Denkinhalt schweigt.

Die geistige Aktivität im Denken wird – unter Erhalt der Kraft – zu einem Sich-Hingeben an die Gedankenruhe, um dann im dritten Schritt zu einem wirklichen Anschauen dessen zu kommen, was sich einem dann im Denken enthüllt. Das tritt dann ohne das eigene Zutun in das Denken ein.

Im elterlichen Haus meines Vaters, der aus einer streng reformierten Glaubensrichtung kam, hing ein eingerahmtes Stück Text, das ich schon als kleines Kind sah, aber damals nicht lesen konnte. Als ich es dann lesen konnte, erwies es sich als Englisch, und so dauerte es noch eine weitere Zeit, bevor ich es verstehend lesen konnte – und also las, was da wirklich stand... Danach habe ich es über Jahrzehnte hinweg gelesen, es hat sicher gewirkt, aber die Bedeutung, die wirkliche Bedeutung dessen, wird mir erst in den letzten Jahren deutlich. Nachdem die letzte Tante in der Familie gestorben war, haben wir es – niemand sonst wollte es haben – mit nach Hause genommen. Es steht nun bei uns zuhause, und die Worte lauten:

“Hold that fast, which thou hast, let no man take thy crown.”

Darunter steht „REV“ und dann zwei Zahlen. Damals hat es noch etwas gedauert, bevor ich das „REV“ verstand, Revelation. Es erwies sich als ein Ausspruch aus der Apokalypse, gerichtet an Philadelphia, die Gemeinde zu Philadelphia, zu der gesagt wird: Halte fest, was du hast, auf dass niemand dir die Krone nimmt.

Das ist besonders beeindruckend, wenn man die kabbalistischen Wesensglieder kennen lernt,[9] die auch eine Zehnzahl bilden: Beim wollenden Wollen das Fundament, dann beim fühlenden Wollen die Herrlichkeit oder die Glorie, beim denkenden Wollen die Kraft oder der Sieg, und dann kommt beim wollenden Fühlen Liebe, beim fühlenden Fühlen Gnade und beim denkenden Fühlen Gerechtigkeit. Man kann auch sagen: Gewahrwerdung, Vorstellung, Persönlichkeit. Dann ist das Tun des Denkens, das Wollen des Denkens die Intelligenz, das Leiden des Denkens ist Weisheit, und schließlich ist das Denken des Denkens *die Krone*. Das, was auf Erden sich verwirklicht, ist das Reich.

Man findet für diese kabbalistischen Begriffe verschiedene Andeutungen, je nachdem, wer darüber schreibt. Rudolf Steiner hat auch einen Vortrag darüber gehalten und sagt dort: das wollende Wollen ist das Fundament, das fühlende Wollen ist die Festigkeit, und das denkende Wollen ist der Schein. Das ist also Stoff für die Meditation, um die Korrespondenz zu finden. Fundament findet man bei allen Autoren, doch meistens findet man bei der Festigkeit die Glorie oder Herrlichkeit. Das dritte ist dann Kraft oder Sieg, Rudolf Steiner gibt hierfür das Wort Schein.

Das wollende Wollen ist das eigentliche physische Fundament, wo man auch die Reproduktion suchen muss, und wenn man das Zweite anschaut, kommt man in das Gebiet der Lebenskraft, des Ätherleibes. Man kann sich vorstellen, dass dem die Bedeutung Herrlichkeit, Glorie gegeben wird. In dem Wort „Festigkeit" hat man eine physische Entsprechung für das, was in der Seele selbst das Fühlen ist. In dieser Weise muss man dann beim Denken des Wollens bedenken, dass es da um das Denken als Gedankenkraft geht, und Rudolf Steiner nennt es dann Schein. Man muss dies als Lichtqualität in der physischen Substanz sehen.

Es ist eine Frage der Übung, man beginnt, mehr oder weniger aus seiner Seele herauszukrabbeln, könnte man sagen. Man macht nach, was ein Baby macht, das beginnt, sich aufzurichten, und dann anfängt, zu laufen, zu sprechen und zu denken. Das ist tatsächlich das,

---

[9] Siehe die Abbildungen S. 146 und 147.

was man nachmacht. Man muss also versuchen, in einem Gebiet aufrecht stehen zu lernen, in dem man dies überhaupt nicht gewohnt ist. Durch die Konzentration verstärkt man die Denkkraft, wodurch man, im Lauf der Zeit, imstande ist, sich in der Denkkraft aufrechtzuerhalten, auch wenn man aufhört, einen Inhalt zu denken, weil es dann eine starke Nachwirkung des Gedachten gibt – und darin kann man sich dann aufrechterhalten. Der Gedanke ist nicht mehr als Inhalt da, wohl aber als Nachwirkung. Erst dann kann man zu sich sagen: Übe Geist-Erschauen, denn dann *ist* da etwas zu schauen. Davor hat man das Gefühl, dass man nur Kraft entfalten kann und dass man nichts hat, was bleibt, wenn man selbst aufhört zu denken.

Man kann dies *nicht* als eine plötzlich doch östliche Form des Nicht-Denkens ansehen. Das könnte man denken, wenn da „Gedankenruhe" steht. Aber es ist ein langer Weg bis zu diesem Punkt zu gehen.

Übe Geist-Erschauen
In Gedanken-Ruhe,
Wo die ew'gen Götterziele
Welten-Wesens-Licht
Dem eignen Ich
Zu freiem Wollen schenken.

Da wird dem aus dem Denken herausgetretenen Ich „Weltenwesenslicht" durch die „ewigen Götterziele" geschenkt, und dies kann für den freien Willen gebraucht werden.

Man bringt das Selbstdenken zur Ruhe, dann empfängt man im anschauenden Ich Licht, um das, was sich einem an Weltgedanken offenbaren will, sehen zu können. Dafür braucht man das Erkenntnislicht, das Glanzlicht, das Bewusstseinslicht.

Hier muss man sehr innerlich versuchen, zu lernen, wirklich eine Heimat in diesem Geistgebiet zu finden, wo man als gewöhnliche Seele nicht zuhause ist; sich da hinaufarbeiten, genügend Kraft entfalten, um auch wirklich darin bleiben zu können; und dann das, was man selbst an Kraft entwickelt hat, zur Ruhe bringen, so dass man dann eine vollkommene Gedankenruhe entwickelt hat und dennoch nicht nichts übrigbehält. Und dann von einer anschauenden Position aus das Licht, das man geschenkt bekommt, auf die Gedanken scheinen lassen können, die einem aus den „Menschen-Geistes-Gründen" offenbart werden.

Das kann man in einem so großen Spruch auch immer in Rhythmen machen, das hat Rudolf Steiner in den Rhythmen angegeben, wo für jeden Tag ein kleiner Teil ausgewählt wurde. In der Dreigliederung kommt jedes Mal der Vergleich der drei Glieder, kommen die Unterschiede zum Ausdruck. Wenn man sagt: „Menschen-Geistes-Gründe", dann könnte man zurückgehen zum „Menschen-Seelen-Wirken", im Seelengebiet, und zum „Menschen-Welten-Wesen" im Leibesgebiet, im Willensgebiet. Das kann an sich schon eine Meditation sein, diese Unterschiede zu erleben zu versuchen.

Denn es walten des Geistes Weltgedanken
Im Weltenwesen Licht-erflehend.
Archai, Archangeloi, Angeloi,
Lasset aus den Tiefen erbitten,
Was in den Höhen erhöret wird;
Dieses spricht:
Per spiritum sanctum reviviscimus.
Das hören die Elementargeister
Im Osten, Westen, Norden, Süden:
Menschen mögen es hören.

Auch hier kann man in einem Vergleich dreier Aspekte meditieren: Lasset aus den Höhen erklingen, was in den Tiefen das Echo findet; Lasset vom Osten befeuern, was durch den Westen sich gestaltet; Lasset aus den Tiefen erbitten, was in den Höhen erhöret wird. In diese Bewegungen kann man erlebend hineinkommen.

Und dann würden wir mit dem, was dann erworben ist, wieder den Abstieg in die Seele beginnen können. Mit der Möglichkeit, in freiem Willen das Licht für die Geistanschauung zu gebrauchen, könnte man in die Seele zurückkehren, und dann würde man da zur echten *Imagination* kommen. Wir haben, wenn man das Denken *tut*, Vorübungen für die Imagination. Was man dann im Grunde macht – indem man das Denken in Bewegung bringt –, ist, gleichsam mitzuschreiben, mitzuzeichnen und mitzumalen. Das kommt in Bewegung. Aber da steckt der eigene Wille natürlich noch ganz darin. Dann muss man erst so weit kommen, dass dieser Wille schweigt. Danach kann man mit dem, was dann als Gedankenruhe erworben ist, schauend in die Seele zurückkehren.

Man kann sich wohl vorstellen, dass dies ein *Grundstein* ist, nicht das ganze Bauwerk. Das ganze Bauwerk hätten drei Klassen werden sollen. So kann man sich vorstellen, dass man darauf den ganzen Bau der esoterischen Hochschule aufbauen könnte. Es ist dies noch nicht, es ist ein Grundstein.

*

Berthold Wulf zitiert Thomas von Aquin:[10]

„Auch wird dem Menschen dadurch, durch die Menschwerdung Christi, ein gewisses Beispiel für jene selige Vereinigung gegeben, durch die der erschaffene Verstand mit dem unerschaffenen Geist im Verstehen vereinigt wird. Es bleibt nämlich nicht unglaublich, dass der Verstand des Geschöpfes mit Gott vereinigt werden kann, indem er dessen Wesen schaut, nachdem Gott mit dem Menschen vereinigt wurde, indem er seine Natur nahm. Dadurch wird auch in gewisser Weise die Gesamtheit des göttlichen Werkes vollendet, indem der Mensch, der zuletzt erschaffen wurde, in einer Art Kreislauf zu seinem Ursprung zurückkehrt, nachdem er durch das Werk der Menschwerdung mit eben dem Ursprung der Dinge vereinigt ist."

Das Werk der Menschwerdung ist dann der letzte Teil des Grundsteins.

In der Zeiten Wende
Trat das Welten-Geistes-Licht
In den irdischen Wesensstrom;
Nacht-Dunkel
Hatte ausgewaltet;
Taghelles Licht

[10] Berthold Wulf, Die Kategorien des Aristoteles, S. 118.

Erstrahlte in Menschenseelen;
Licht,
Das erwärmet
Die armen Hirtenherzen;
Licht,
Das erleuchtet
Die weisen Königshäupter.

Göttliches Licht,
Christus-Sonne,
Erwärme
Unsere Herzen;
Erleuchte
Unsere Häupter;
Dass gut werde,
Was wir aus Herzen
Gründen,
Aus Häuptern
Zielvoll führen wollen.

„In der Zeiten Wende trat das Welten-Geistes-Licht in den irdischen Wesensstrom."

Darin wollen wir uns vertiefen.

Das Erringen eines geistigen Verständnisses für das, was sich in der Zeitenwende mit der Erde verbunden hat, führt dazu, dass es für den Menschen möglich wird, jene drei Schritte zu setzen, die wir zuvor untersucht haben, und das ist es, was Thomas von Aquin mehr oder weniger voraussagt: dass es vielleicht doch einmal möglich sein wird, dass der Mensch das Wesen Gottes erkennend schauen kann, weil Gott sich mit der menschlichen Natur verbunden hat. Dass sich also der erschaffene Verstand mit dem unerschaffenen Geist im „Verstehen", im Begreifen, verbinden kann. In einer „beato unio", einer seligen Vereinigung des Verstehens.

Wenn man dann bedenkt, dass Rudolf Steiner auch sagt, dass *Sophia* für den Menschen das Erkennen von Christus möglich macht, dann ist *sie* die Vermittlerin zwischen dem Menschen und der Erkenntnis Gottes.

Wonach der Philosoph sich sehnt, buchstäblich – das weiß er vielleicht nicht, aber das ist doch der Beruf des Philosophen, sich nach Sophia zu sehnen –, das findet eine Form der Verwirklichung, wenn der Mensch sie findet. Das liegt im Grundstein verborgen, das Finden der dem Menschen zugestandenen Weisheit Gottes.

Thomas hat also damals schon ausgedrückt, warum das zugestanden sein würde. Er lebte natürlich in einer Zeit, in der es gewiss *nicht* erlaubt war, als Mensch zu glauben, dass man wirklich Erkenntnis des Göttlichen haben könnte. Ein wirklich bewusstes Wissen, ein denkendes Bewusstsein. Hier spricht er dann sehr vorsichtig die Ahnung aus, dass es vielleicht doch nicht unglaublich ist, zu erwarten, dass es einmal möglich sein könnte, dass der erschaffene Verstand sich mit dem unerschaffenen Geist in der seligen Vereinigung des Verstehens verbinden könnte und dass er dann das Wesen Gottes schauen könnte. Das wäre möglich, weil Gottes Wesen selbst sich mit der Schöpfung, mit dem Erschaffenen verbunden hat.

Göttliches Licht,
Christus-Sonne,
Erwärme
Unsere Herzen;
Erleuchte
Unsere Häupter;
Dass gut werde,
Was wir aus Herzen
Gründen,
Aus Häuptern
Zielvoll führen wollen.

Das kann man erst jetzt wirklich sagen.

Man fühlt dann den großen Unterschied zwischen der Inkarnation von Christus und der Inkarnation des Menschen. Wirklich bis in die Substanz findet die Inkarnation statt.

Bei Christus geht es wirklich durch die leibliche Inkarnation hindurch.

Alles, was wir heute getan haben und was uns ahnen ließ, dass es ein Geistesmeereswesen gibt, und ein Gefühlsgebiet, das ein ganz anderes ist als das, in dem man sich im Alltagsleben befindet, und ein Geistgebiet, in dem man eigentlich überhaupt keinen Boden mehr hat – macht, dass man sich dann bewusst wird, dass sich dies in der Zeitenwende vollkommen vollzogen hat, was wir so mühsam ein klein wenig begreifen können. Es hat sich vollzogen, nicht ein wenig, sondern wirklich ganz.

Von diesem Ganzen aus kann man dann sagen:

Göttliches Licht,
Christus-Sonne,
Erwärme
Unsere Herzen;
Erleuchte
Unsere Häupter;
Dass gut werde,
Was wir aus Herzen
Gründen,
Aus Häuptern
Zielvoll führen wollen.

So haben wir dann eine Zwölfgliedrigkeit kennen gelernt.

Ich hoffe, dass wir diese so kennen gelernt haben, dass man fühlen konnte, dass es auch wirklich zwölf Begriffe sind, die wir *sind* – man kann nicht einmal sagen, dass wir sie *haben*, sondern diese Begriffe, die *sind* wir wirklich.

Und das Bewusstsein dämmert dann im Seelengebiet, wird aber erst im Denkgebiet wirklich Geistbewusstsein – und kann dann mit diesem bewussten Glanzlicht wiederum zu den anderen Wesensgliedern zurückkehren.

Göttliches Licht,
Christus-Sonne,
Erwärme
Unsere Herzen;
Erleuchte
Unsere Häupter;
Dass gut werde,
Was wir aus Herzen
Gründen,
Aus Häuptern
Zielvoll führen wollen.

DRITTER VORTRAG

Rotterdam, 9. März 2013

Liebe Anwesende, immer wenn ich einen Vortrag gebe, habe ich das Gefühl, mit leeren Händen dazustehen, und heute ist dies nochmals besonders der Fall. Wir wollen ja heute den Grundstein noch einmal von neuem anschauen, und dann in Zusammenhang mit seinem vierten Teil. Wer würde sich imstande fühlen, wirklich gut darüber zu sprechen? Ich werde mein Bestes tun, aber ich habe dennoch das Gefühl, mit leeren Händen dazustehen.

Ich lese aus einem Text von Thomas von Aquin vor:[11]

„Demgemäß heißt es von uns, wir erkännten am Ende unseres Erkennens Gott als den Unbekannten, weil dann der Geist am Vollkommensten befunden wird in der Erkenntnis Gottes, wenn er erkennt, dass Gottes Wesenheit über alles hinausliegt, was er imstande des Auf-dem Wege-Seins zu erfassen vermag. – Mag auch das Auge des Nachtvogels die Sonne nicht sehen: es schaut sie dennoch das Auge des Adlers."

Thomas von Aquin fährt dann in Bezug auf das Auge des Adlers fort und sagt dann:

„Wie sehr es auch nur eine Winziges ist, das der erkennende Geist an Gottes Erkenntnis zu fassen vermag: es ist dies doch sein letztes Ziel, mehr als die vollkommene Erkenntnis des niederen Erkennbaren.

Soviel der Mensch sich der Ergründung der Weisheit hingibt, so viel hat er schon Anteil an der wahren Glückseligkeit."

Und das geht dann letztlich – nicht unmittelbar, aber im Verlauf seiner Schriften – in diejenigen Aussprüche über, die ich Ihnen das vorige Mal gegeben habe. Es ist ein Zitat aus der „Summa Theologiae", in dem er das eben Gesagte noch weiter führt. Zuerst sagt er: Was wir von Gott erkennen können, ist das Unbekannte, so dass man, wenn

[11] Thomas von Aquin, Sentenzen über Gott und die Welt, Johannes Verlag, Einsiedeln.

man Gott kennen lernen will, dies nicht in bestätigendem Wissen tun kann, sondern dass man als Mensch nur imstande ist, zu sagen, was Gott *nicht* ist, und dass man aus all dem, was man also umschreibt als das, was Gott *nicht* ist, dennoch eine Ahnung davon hat, was Gott *ist*, doch dies lässt sich nicht mit dem gewöhnlichen Erkennen erkennen.

Dann kommt das Auge des Adlers. Thomas gibt zu, dass das winzige Bisschen, das ein Mensch doch an Erkenntnis Gottes haben kann, mehr wert ist als alles, was man mit der Wissenschaft von dem Geringeren erkennen kann.

Schließlich kommt der Ausspruch, wo er sagt – und dass muss man sich dann im 13. Jahrhundert vorstellen, der Blütezeit der katholischen Kirche, und Thomas von Aquin als ihren sehr geehrten Vertreter –: Es ist nicht unmöglich, zu denken, dass es einmal möglich wird, dass der erschaffene Verstand in der seligen Vereinigung des Verstehens den unerschaffenen Geist kennen lernt. Dies ist nicht unmöglich, weil der unerschaffene Gott die erschaffene menschliche Natur angenommen hat – und durch diese Vereinigung ist es nicht undenkbar, dass es einmal so weit kommen könnte, dass der Mensch, infolge dieser Vereinigung, imstande ist, mit dem erschaffenen Verstand den unerschaffenen Geist zu erkennen.

In Rudolf Steiner findet man dann einen Menschen, der den Mut gehabt hat, das, was sein erschaffener Verstand als unerschaffenen Geist erkannt hat, auch wirklich *auszusprechen*, *aufzuschreiben* und auch *den Weg anzugeben*, für uns, die ihm nachfolgen wollen. Er hat den Weg angegeben, wie man so weit kommen kann, dass man mit dem erschaffen Verstand in eine Metamorphose kommt, wodurch man in die Lage kommt, den unerschaffenen Geist zu erkennen.

Ich habe Rudolf Steiner zuerst in dem Buch „Theosophie“ kennen gelernt, und erst einige Zeit später auch in seinen früheren Schriften. Der Philosophie galt mein Interesse eigentlich nicht. Weil er selbst aber in seinen Vorträgen immer wieder sagte, dass es doch wichtig wäre, seine „Philosophie der Freiheit“ zu studieren, und weil die Anthroposophie für mich ein Einschlag in meinem Leben war, dachte ich: Dann muss ich mein Desinteresse an der Philosophie doch einmal überwinden und schauen, was das für ein Buch ist.

Ich erinnere mich noch, dass ich das Buch damals zum ersten Mal im Zug gelesen habe. Irgendwann kommt man dann zu dem dritten Kapitel, wo von einem *Ausnahmezustand* gesprochen wird. Das war für mich eine wirkliche Offenbarung. Man realisiert sich, dank dessen, was da steht, dass man eine Intelligenz hat; dass man mit dieser Intelligenz dasjenige kennen lernt, was man kennen lernt. Es ist faszinierend, dass man das tut, dass man aber nie wirklich dazu kommt, sich zu fragen: Sollte ich nicht auch einmal mit demselben Denken *auf diese Intelligenz* schauen; einmal schauen, was dieser Prozess in mir eigentlich macht, was das ist?

Dies hat in mir einen Eindruck hinterlassen, und zwar, dass man als Mensch in einem Mittelpunkt lebt, wo man sich bei sich selbst empfindet; dass man, wenn man über alles andere als sich selbst denkt, in eine Art Umkreis kommt. Bis dahin ist damit noch nichts Neues gegeben. Aber nie wäre es mir in den Sinn gekommen, *diesen Umkreis sehen zu wollen.* Man hat das Gefühl, dass das nicht geht. Man schaut zwar vom Mittelpunkt aus zum Umkreis, und man schaut mit diesen Gedanken aus dem Umkreis auch wiederum auf sich selbst zurück, auf den Mittelpunkt. Doch den Umkreis selbst in den Blick zu nehmen, scheint nicht möglich. Man müsste größer, weiter als der Umkreis werden. Rudolf Steiner weist im dritten Kapitel der „Philosophie der Freiheit" darauf hin, dass dies nur *nacheinander* möglich ist. Man bleibt in einem „Umkreisgeschehen" gefangen, man kann nicht weiter werden und zugleich anschauen, was im Umkreis geschieht, während es vollzogen wird. Es entsteht in diesem dritten Kapitel eine Hoffnung, dass es möglich werden könnte, darüber noch hinauszukommen; aber man bekommt den Eindruck, dass man eigentlich doch in sich begraben ist und dass zugleich ein unstillbarer Drang in einem lebt, darüber hinausgehen zu können.

Später ist diese *Möglichkeit* für mich eine *Realität* geworden. Ich habe gleichzeitig auch angefangen, mit den Kategorien des Aristoteles zu arbeiten. Das hatte nicht unmittelbar etwas damit zu tun, außer dass das Arbeiten mit den Kategorien des Aristoteles in ganz außerordentlicher Weise ein Denken über das Denken ist. Nur ist es nicht *aktuell,* das heißt, dass man nicht, während man denkt, sein Denken unmittelbar anschaut. Doch man hat die Grundbegriffe von Aristoteles, und darüber kann man denken, während man weiß: es sind auch die eigenen Begriffe. In diesem Sinne ist es natürlich doch sehr interessant, aber über den Umkreis der Gedanken hinaus kommt man nicht.

Ich habe mich zu bestimmten Zeiten mit den Kategorien beschäftigt, am Ende der achtziger Jahre und zu Beginn der neunziger Jahre. Um die Jahrhundertwende habe ich gedacht: All das, was ich anhand der gehaltenen Vorträge notiert habe, muss ich bündeln und dann für Andere zugänglich machen. Das war 2001, ich war damals sehr intensiv mit den Kategorien beschäftigt; in der Weihnachtszeit zwischen Weihnachten und Neujahr hatte ich das Buch *„Wahrheit und Wissenschaft"* wieder einmal in den Händen. Ich las darin ein Kapitel, das ich schon sehr oft gelesen hatte, wollte es noch einmal lesen, und da trat auf einmal aus der Seite, wo ich war, fast wie eine Gestalt ein Satz hervor, den ich danach sehr oft zitiert habe:

„Der Umstand, dass das Ich durch Freiheit sich in Tätigkeit versetzen kann, macht es ihm möglich, aus sich heraus durch Selbstbestimmung die Kategorie des Erkennens zu realisieren, während in der übrigen Welt die Kategorien sich durch objektive Notwendigkeit mit dem ihnen korrespondierenden Gegebenen verknüpft erweisen."

Da offenbarte sich gleichsam *eine dreizehnte Kategorie!*

Wir hatten zwölf Kategorien gefunden: die acht von Aristoteles, die Rudolf Steiner in dem Vortrag vom 22. April 1924 nennt: Quantität, Qualität, Relation, Raum, Zeit, Position, Tun und Leiden. Und wir hatten die beiden, die Aristoteles dem noch hinzufügt oder eigentlich hinzugefügt hat: Substanz und Haben. Und die beiden, die dann bei Hegel zu finden sind, die aber auch Rudolf Steiner in seinen Goethe-Studien nennt: Wesen und Erscheinung. So hatten wir zwölf Begriffskategorien, doch diese liegen alle auf diesem Umkreis, könnte man sagen.

Das Ich nun ist imstande, sich durch Freiheit ganz aus sich heraus zu bestimmen, und während es dies tut, realisiert es die Kategorie des Erkennens. Später in „Wahrheit und Wissenschaft" sagt Rudolf Steiner dann auch noch viel expliziter, dass überall sonst in der Schöpfung der Begriff mit der Sache verbunden ist, nur *im Ich nicht*. Da muss der Mensch selbst aktiv schöpferisch wirksam werden, während er dann die Kategorie des Erkennens dem Erkenntnisprozess hinzufügt. Der Erkenntnisprozess und der Begriff des Erkenntnisprozesses sind *ursprünglich getrennt,* während in allem Übrigen das Ding und der Begriff *eins* sind. Im Erkenntnisprozess ist dies nicht der Fall. Der Erkenntnisprozess funktioniert, aber den Begriff dafür kann nur der Mensch selbst wecken.

Man kann sich vorstellen, dass dies nicht wiederum bloß eine Logik ist, oder ein Buch voller Details darüber, wie ein Satz konstruiert ist oder wie man einen Gedanken bildet. Wenn das Ich sich selbst bestimmt, wenn es aus eigenem freiem Willen dazu kommt, seine eigene Natur zu ergründen, dann ist etwas vereinigt, was in der menschlichen Natur getrennt ist.

Es wird so sehr deutlich, dass „Wahrheit und Wissenschaft" ein Buch ist, das der „Philosophie der Freiheit" vorausgeht, und dass Rudolf Steiner darin den Ausnahmezustand schon entwickelt und zeigt, wie man sich mit dem Erkennen außerhalb des Erkenntnisprozesses begeben kann, um beide vereinigen zu können. Er durchschaute dies schon völlig. In der „Philosophie der Freiheit" hat er dann ein organisches Gedankengebäude geschaffen, worin es notwendig ist, diesen Ausnahmezustand zuerst zu beschreiben und nachdrücklich zu sagen, wie für den gewöhnlich denkenden Menschen das aktuelle Denken des Denkens eine Unmöglichkeit ist, um dann durch ein „Sich-selbst-Bekennen", durch eine Selbstbefruchtung zu einem Zusammengehen der dreizehnten Kategorie mit allen übrigen Kategorien zu kommen, wodurch dann tatsächlich die Trennung aufgehoben ist, in der wir uns immer befinden.

Wir empfinden uns: Ich bin hier, und alles Übrige ist da, und ich lebe mich zwar erkennend in alles Übrige ein, aber es bleibt immer ein unbefriedigtes Restgefühl, dass ich dies doch nicht ganz kann. So können wir uns vorstellen, dass das bei Kant dazu geführt hat, vom „Ding an sich" zu sprechen, über das man zwar denken kann, mit dem man aber nie ganz vereinigt sein kann. Das ist in gewissem Sinne für die abstrakte Denkwelt auch eine Tatsache. Dass man sich wirklich erkennend mit den Dingen vereinigen könnte, wird tatsächlich erst möglich, wenn man sich *mit sich selbst vereinigt hat.*

Wenn wir dann auf den Aufbau des Grundsteinspruches schauen – das haben wir voriges Mal am Samstag sehr ausführlich versucht, um den Zusammenhang zwischen dem, was man ist, und dem, was man als Selbsterkenntnis nach Leib, Seele und Geist erwerben kann, zu finden –, dann versuchen wir, Verständnis für die Dreigliederung des Denkens, Fühlens und Wollens zu gewinnen.

Innerhalb dieser Dreigliederung kann man dann jeweils wiederum eine Dreigliederung finden: Das Wollen als dreigliedrigen Prozess, als das Wollen des Wollens, das Fühlen des Wollens und das Denken des Wollens. Der Aufruf „Menschenseele, Du lebest in den Gliedern" ist ein Aufruf, zu versuchen, in dieses Willensgebiet hineinzukommen. Dann hatten wir das Fühlen als dreigliedrigen Prozess gefunden, als das wollende Fühlen, das fühlende Fühlen und das denkende Fühlen. Das ist es, worin man als Mensch auf Erden eigentlich zuhause ist, wo man am meisten die Verwandtschaft mit sich selbst fühlt, wo aber der Aufruf erklingt: „Menschenseele, Du lebest in dem Herzens-Lungen-Schlage". Und dann die dritte Dreigliederung: das wollende Denken, das fühlende Denken und das denkende Denken, wo dann der Aufruf erklingt: „Menschenseele, Du lebest im ruhenden Haupte". Wenn man sich selbst so kennen lernt, als dreimal dreigegliedertes Wesen, dann lernt man allmählich auch erkennen, dass man als Mensch in dieser Dreiheit eigentlich nur dank der Tatsache Mensch ist, dass man auf Erden einen menschlichen Leib hat.

Rudolf Steiner hat eine Übung gegeben[12], wo er angibt, dass die beste meditative Übung – es ist sehr merkwürdig, dass er das so sagt –, eine Übung, auf die die Gegenmächte keinen Zugriff haben, die Übung der Meditation der menschlichen Gestalt ist.

Wenn man das macht, kommt ein Moment, wo man erlebt, dass diese Gestalt endlich ist und dass der menschliche Leib einmal doch dem Tod preisgegeben wird. Die Dreigliederung des Menschen ist dann noch da, doch unmittelbar steht da Luzifer, der zu einem spricht: „Ach, so bist du eigentlich gut genug, in dieser Dreiheit brauchst du diesen Leib gar nicht, du brauchst nicht in einer menschlichen Gestalt auf Erden zu sein und all diese Schwierigkeiten mitmachen, du bist

[12] Rudolf Steiner, „Der Mensch im Lichte von Okkultismus, Theosophie und Philosophie", GA 137.

gut genug so, wie du als dreigliedriger Mensch bist."

Man könnte so doch wirklich verführt werden, wenn man nicht wüsste, dass man sich umwenden und von dort aus auf die Dreiheit schauen muss – und dann sieht man die wahre Natur dessen und sieht, dass es Tiergestalten sind, dass sie keine Menschengestalt haben und dass man auf die Erde kommen muss, immer wieder, um in dieser gottähnlichen menschlichen Gestalt zu lernen, was es eigentlich heißt, das Menschsein zu entwickeln.

Das haben wir dann als das vierte Gebiet gesehen, das hatten wir an die Tafel geschrieben:[13] Wir haben nicht nur dreimal drei Glieder, wir haben darüber hinaus das vierte Gebiet, das in der kabbalistischen Weisheit das *Reich* genannt wird. Es ist das Reich auf Erden, wo man eine Aufgabe hat. Wenn man sonst keine unmittelbaren Impulse hat, zu der Selbsterkenntnis nach Leib, Seele und Geist zu kommen, wenn man einfach lebt, dann findet man die Schule im *Leben*, und man kann ruhig darauf vertrauen, dass dies letztlich auch eine Schule ist. Doch man geht den intensiveren Weg, wenn man sich in einem bestimmten Moment entschließt, innerlich aktiv zu werden. Und dann lernt man in dieser Selbsterkenntnis, etwas zu entdecken, und zwar, dass man mit dem gewöhnlichen Ich, dem, wozu man in seinem alltäglichen Dasein „ich" sagt, dass dieses Ich sich eigentlich *in* der Seele befindet.

Es wird einem durch die Vorträge Rudolf Steiners geholfen, das zu verstehen. Er beschreibt an mehreren Stellen, dass das, was wir die „Erbsünde" nennen, die Verführung, dass dasjenige, was dem Menschen geschehen ist, wodurch er nun so ist, wie er ist – dass dies dazu geführt hat, dass wir tiefer mit unserer Seele verwachsen sind, dass wir in unserer Seele mehr oder weniger ertrunken sind, tiefer darin verwickelt, als es ursprünglich der göttliche Plan war. Ursprünglich war für den Menschen gedacht gewesen, dass er eine Individualität haben sollte, die *außerhalb* der Seele und *außerhalb* des Leibes sein sollte und die dann Seele und physischen Leib als Orientierungspunkt haben würde, als etwas, woran man sich orientieren kann, jedoch ohne so ganz hineinzugeraten.

Was da genau geschehen ist, wird natürlich auf sehr verschiedene Weisen beschrieben. Wir kennen natürlich die Erzählung der Bibel,

---

[13] Siehe das Schema des Grundsteins und der menschlichen Viergliederung, S. 149.

aber auch die griechischen Sagen sind erhellend. Wenn man die Sage von Persephone in sich aufnimmt, dann sieht man, wie sie von Eros verführt wird, *mehr von sich wissen zu wollen*, als sie schon zur Verfügung hat. Das kommt dann so großartig in dem Bild von Narziss zum Ausdruck. Dieses Wort verwenden wir in der Psychiatrie noch immer im Sinne von „Narzissmus" für Menschen, die einen stärkeren Bezug zu einer selbstbezogenen Eitelkeit haben, als es normal ist. Persephone wird von Eros dazu verführt, diese Narzisse zu pflücken, und was sie dadurch erreicht, ist, dass sie sich mit sich selbst vereinigt, aber sie verliert die Unsterblichkeit. Was man hier sieht, ist, dass der Mensch zu tief in der Seele ertrunken ist.

Rudolf Steiner beschreibt, wie Luzifer den Menschen daraufhin gleichsam über sich selbst hinauszieht, wodurch er nicht ganz in sich selbst ertrinkt, sondern ein Bewusstsein hat, dass er da ist – das ist ein luziferisches Bewusstsein, das ist das gewöhnliche „Ich-Bewusstsein". Das beginnt man, immer mehr zu erleben: dass man nicht ganz in sich abgeschlossen ist, aber doch zu stark eins ist mit diesem Gebiet in der Seele, wo der Verstand ist, wo das Bewusstsein ist und wo das Gewahrwerden ist. Daher kommt dieses unstillbare Verlangen, sich da *heraus* begeben zu wollen, etwas finden zu wollen, wodurch man nicht so ganz mit sich selbst verwachsen ist, sondern wodurch man eine objektive Position in Bezug auf sein Subjekt einnehmen könnte. Man kann auch sagen, dass man sein Subjekt nach draußen mitnimmt und dass das gewohnte Subjekt Objekt wird. Das ist der Drang des Menschen nach Selbsterkenntnis, nach einer Selbsterkenntnis, die nicht in diesem gänzlichen Verwachsensein zustande kommt, sondern die von außen zustande kommt.

Das ist es, was Rudolf Steiner sagen will, wenn er sagt, dass das Ich durch Freiheit imstande ist, sich aus sich heraus – das ist also in Wirklichkeit ein anderes Ich – mit sich zu vereinigen, indem es die Kategorie des Erkennens verwirklicht. Das ist eine andere, eine neue Formulierung des Satzes von Thomas von Aquin, der sagt, dass es vielleicht einmal möglich wird, dass der erschaffene Verstand sich mit dem unerschaffenen Geist im Verstehen vereinigen kann; dass es dann für den Menschen möglich wird, nicht nur nach innen hin sich selbst zu begreifen, sondern dass es auch nach außen hin möglich wird, Gott zu begreifen.

In der dreizehnten Kategorie liegt der vierte Teil des Grundsteinspruchs. Neun hatten wir gefunden, dreimal drei. Dann haben wir darüber hinaus, auf Erden, uns selbst als zur Erscheinung gekommenes Wesen, wie wir sind als Substanz und wie wir erscheinen, anhand bestimmter Eigenschaften, anhand des Ganzen, was in dieser Neunheit lebt. Auf Erden sind wir Substanz, wir sind, wovon Aristoteles sagt, dass es kein Merkmal eines anderen Subjekts und auch nicht *in* einem anderen Subjekt ist. Wenn man den irdischen Leib ablegt und sich fragt: was würde man *dann* Substanz nennen, was gibt es in der geistigen Welt, was dieser Formel von Aristoteles für die Substanz entspricht, nämlich, dass es kein Merkmal von etwas anderem sein kann und auch nicht in etwas anderem sein kann – dann weiß man, dass man als Mensch in der geistigen Welt keine Substanz sein kann.

So, wie wir jetzt sind, brauchen wir, wenn wir diesen göttlich-menschlichen Leib, der uns die Menschlichkeit gibt, ablegen, eine höhere Menschlichkeit, in der wir dann sein können. In dem Moment, wo man sich dies realisiert, kommt man so weit, sich zu sagen: In der geistigen Welt kann nur die Trinität Substanz genannt werden, aber diese Trinität hat den göttlichen Sohn zur Erde gehen lassen, und damit ist auf Erden etwas zustande gekommen, was die Ideen von Aristoteles über die Kategorien wohl verändern *muss*, denn da erscheint dasjenige, was für uns eine Unmöglichkeit ist, in einer vollkommenen Verwirklichung hier auf Erden.

Wenn man sich das versucht vorzustellen – und ich sage natürlich: ich stehe da mit leeren Händen, denn die Vorstellungskraft reicht hier einfach nicht aus –, wenn man sich das dann vorzustellen versucht, weil man von Rudolf Steiner gelernt hat, dass es wirklich an der Zeit ist, den Mut zu fassen, solche Dinge doch zu versuchen vorzustellen und seinen Willen dafür einzusetzen; wenn man versucht, sich das einmal vorzustellen ... dann beginnt man zu sehen, dass dasjenige, was Thomas von Aquin beschreibt, nämlich, dass das göttliche Wesen die menschliche Natur angenommen hat, dass dies es für uns in unserer Zeit möglich macht, uns selbst zu der dreizehnten Kategorie zu erheben.

Wir waren vor zwei Wochen in Hamburg, und da haben wir eine ähnliche Arbeit gehabt. Es gab da einen Teilnehmer, der gekommen war, weil er ein Buch von mir gelesen hatte – und sonst von dem Thema gar nichts wusste. Er fragte also: Kann man nicht von vorn anfangen, denn ich verstehe überhaupt nichts.

Das geht natürlich nicht, aber in gewisser Weise haben wir das dann dennoch gemacht, wir haben noch einmal mit dem Begriff „Substanz" begonnen. Am zweiten Tag haben wir uns mit einem Stück Text aus Rudolf Steiners Aufsatz „Philosophie und Anthroposophie" beschäftigt. Morgen werden wir das auch hier machen. Darin gibt Rudolf Steiner an, wie Aristoteles und Fichte verbunden werden können, wenn der Mensch versucht, einen Begriff des „Ich" zu bilden.

Für Aristoteles sind die Begriffe „Begriff" und „Stoff" oder „Form" und „Materie" nicht zusammenzubringen, außer bei Gott. Gott lebt in der Aktualität, und was Gott begreift, ist auch unmittelbar entstanden. Dies hat also *Seins*qualität. Man darf „Stoff" dann nicht als Materie vorstellen, sondern als einen *Träger*. Aristoteles kommt also mit dem Verstehen so weit, dass er sagt: Man könnte in der Schöpfung vielleicht alles verstehen, doch selbst dann würde noch etwas übrig bleiben, was zwar verstanden werden kann, aber auf sich selbst beruht. Das ist die „Materie". Bei Gott ist das nicht so, denn Gott hat, wenn er begreift, auch unmittelbar den Stoff geschaffen.

Rudolf Steiner sagt nun: Aristoteles kann durch Fichte ergänzt werden, wenn man die „Tathandlung des Ich" von Fichte anthroposophisch ausarbeitet. Dann könnte man sagen, dass es für den Menschen möglich ist, das eigene Ich mit Verstehen zu durchdringen, und während das eigene Ich sich mit Verstehen durchdringt, wird es gleichzeitig Wirklichkeit. Vor diesem Punkt gibt es ein Schein-Ich, und von dem Moment an, in dem das Ich sich in Freiheit durch Selbstbestimmung bestimmt, wird es möglich, sich selbst auch hervorzubringen, das heißt, dann ist das Verstehen im Menschen auch *wirklich*, hat eine Seinsqualität bekommen. Das eigene Ich kommt, insoweit der Mensch imstande ist, das eigene Ich zu bestimmen, zu begreifen, auch wirklich auf die Erde.

Dieser Mann, der Teilnehmer in Hamburg, sagte dann: „Aber das ist eine Blasphemie." Er selbst fand das nicht, sondern er meinte: Das ist nun wirklich das Kennzeichen einer Gotteslästerung! Und er verstand auf einmal, warum die Anthroposophie es so schwer hat: weil es eine einzigartige Sicht ist, und eine in religiösem Sinne außerordentlich hochmütig erscheinende Sicht – man muss sich damit auseinandersetzen.

Ich glaube, dass man das eigentlich erst wirklich kann, wenn man drei Personen zusammen denken kann, nämlich Aristoteles, Thomas von Aquin und Rudolf Steiner.

Man sieht, wie bei Aristoteles alles noch vorchristlich ist, dass zwar gedacht wird, dass da aber eigentlich der erschaffene Verstand erst entsteht, dieser erschaffene Verstand erscheint hier zum ersten Mal.

Bei Thomas von Aquin sieht man das Ringen. Er sagt: Man kann mit dem erschaffenen Verstand eigentlich zwei Dinge tun: Ich kann in gewisser Hinsicht Naturwissenschaft betreiben – soweit das in dieser Zeit schon möglich war; und ich kann versuchen, die Offenbarung zu begreifen. Doch ich kann mit dem erschaffenen Verstand nicht zu dem unerschaffenen Geist kommen; ich kann mit dem erschaffenen Verstand nur sagen, was der unerschaffene Geist *nicht ist*, und ich kann nicht sagen, *was* er ist – nur in dem Erlebenkönnen dessen, was Gott alles nicht ist, weiß man doch auch, was er ist... Man sieht dann in Thomas von Aquin auch ein Ringen aufkommen. Einerseits hatte er den erschaffenen Verstand, der in ihm zweifellos hoch entwickelt war, und auf der anderen Seite kannte er die Geistentrücktheit, die religiöse Extase, die er nicht mit dem Verstand in Zusammenhang bringen konnte. Das heißt, wir wissen nicht, inwieweit er das in Wirklichkeit doch vermocht hat, aber in jedem Fall konnte er das absolut nicht äußern, gibt er hier keinerlei Hinweis. Wir wissen nur, dass er am Ende seines Lebens irgendwann aufhört, zu schreiben, und sagt, nachdem er eine Geistentrückung erlebt hat: Ich kann nicht weiter schreiben, alles, was ich bis jetzt geschrieben habe, ist Stroh, das im Feuer verbrannt werden kann. Doch auf der anderen Seite ist dann sogar dieser Zukunftsgedanke bei Thomas da, dass es vielleicht doch denkbar ist, nicht unmöglich ist, dass einmal eine Zeit kommt, wo der erschaffene Verstand mit dem unerschaffenen Geist im Verstehen Gottes *eins* werden kann.

Wenn man es so, in diesem Aufbau sieht, versteht man, was in Rudolf Steiner dann stattgefunden hat, nämlich genau *dies*. Wenn Rudolf Steiner von dem „Gestandenhaben vor dem Mysterium von Golgatha“ spricht, dann weiß man, dass in ihm dasjenige, was in seinem

Werk auch philosophische Form angenommen hat, zugleich religiöse Wirklichkeit ist – man findet eigentlich in den philosophischen Werken Rudolf Steiners einen tief religiösen Inhalt, und darum kann man dann im nachhinein verstehen, dass es so tief eingreifen kann, wenn man so etwas liest, was er in seinem dritten Kapitel der „Philosophie der Freiheit" beschrieben hat: dass es für den Menschen nicht nur möglich ist, alles zu erkennen, erkennen zu wollen, sondern dass es auch noch möglich ist, sich gleichsam umzuwenden und sich zu fragen: muss ich meinen Denkprozess nicht auch dazu benutzen, verwenden, die *Intelligenz selbst* kennenzulernen?

Das ist das Eine. So leer sind die Hände dann doch nicht...

Das Andere ist das Prinzip, das ausgearbeitete Prinzip von Form und Materie und dasjenige, was dann dazu in dem Aufsatz über „Philosophie und Anthroposophie" von Rudolf Steiner konkret entwickelt wird: dass man als Mensch sehr viel verstehen kann, dass man theoretisch alles verstehen könnte, dass aber immer ein *Rest* bleibt, in dem die Form wirksam ist. Mit Aristoteles könnte man dann sagen, dass es *das Sein* ist, das *nicht* individualisierte Sein; das, wodurch etwas Seinsqualität hat.

Das Sein ist Träger der Form, und in der Anthroposophie erscheint dann eine ganz neue Art und Weise, zu erfassen, was Form und Materie ist.

Man sieht das bei Aristoteles und Thomas von Aquin schon angelegt. Wir haben das hier schon oft zusammen besprochen. Thomas von Aquin hat in der Zeit, in der er lehrte, viel zur Bekämpfung derjenigen, die man Ketzer nannte, beigetragen – nur rückte er ihnen nicht mit Scheiterhaufen zu Leibe, sondern tat dies mit seinen logischen, aristotelischen Argumentationen, und damit kam er sehr weit. Davon haben sich natürlich Schriften erhalten, und ich habe es hier schon früher einmal erwähnt, dass er eine Schrift verfasst hat, die die Auffassungen von Averroes bekämpfte, eines arabischen Philosophen, der genau wie Thomas von Aquin seine Grundlage für die Philosophie bei Aristoteles fand.

Wir haben also ungefähr zu derselben Zeit zwei Menschen, die ganz enthusiastisch für *den* Philosophen werden, es gab keinen anderen mehr, es gab nur einen, und das war Aristoteles. Beide nennen ihn auch so: *Der* Philosoph. An einem bestimmten Punkt aber geht die Interpretation oder das Verstehen der Texte des Aristoteles weit auseinander. Averroes steht auf dem Standpunkt, dass sich die göttliche Intelligenz in den Menschen ausgießt; man hat eine Umhüllung als physischen Leib und darin einen Tropfen intelligenten Geist, der sich, wenn der Leib stirbt, wiederum nicht-individualisiert in das All zurückzieht. Averroes untermauert das mit der Philosophie von Aristoteles, durch dessen Schrift „Über die Seele".

Thomas tut das auch, aber er geht – und er tut das sehr sorgfältig, fast Satz für Satz – den entsprechenden Abschnitt von Aristoteles durch und kommt dann zu dem Beweis, dass Aristoteles es so überhaupt nicht meint, sondern dass man es so sehen muss, dass es eine *vitale Seele* gibt – Rudolf Steiner nennt das den Ätherleib – und eine *sensitive Seele* – das könnte man dann die Seele im engeren Sinne nennen –, und dass es eine *anima humana*, eine rein menschliche Seele gibt, das ist der Geist, der intelligent ist. Das Besondere ist nun, dass in dieser Auslegung von Thomas von Aquin der menschliche *Leib* zwar kein Organ für den Geist hat – es ist also nicht so, dass sich im Körper irgendwo ein Organ befindet, von dem der Geist Gebrauch macht, wie es der Interpretation von Averroes entspricht –, dass es aber so ist, dass, auch wenn es im menschlichen Leib kein Organ für den Geist gibt, der ganze Leib diese anima humana als Form, als Begriff, als geistiges Vorbild hat. Es wird also gleichsam die *Form Materie,* die aber nicht als materiell aufgefasst werden darf. Die Materie, nämlich der menschliche Leib, ist so geformt, dass das, was man dann sieht, die Form, die physisch gewordene anima humana ist, der physisch gewordene menschliche Geist, jedoch ohne dass der Leib für diesen ein Organ hat. Er braucht dies nicht, denn er *ist* es, sozusagen.

Nicht nur ist der Leib die sichtbar gewordene anima humana, sondern die anima humana ist auch intelligent; es ist die menschliche Intelligenz, die eine Äußerung der Wirksamkeit der anima humana ist und die dafür kein Organ braucht. Das ist eine Beschreibung des reinen Denkens, könnte man sagen. Man darf die Intelligenz dann nicht als ein Instrument ansehen, mit dem man die geistige Welt und die Erdenwelt erkennt, sondern die menschliche Intelligenz *ist* die geistige Welt, individualisiert. Man hat also noch eine zweite Schicht, wo Form und Materie eins sind. Wir haben darüber gesprochen, dass es der Leib ist, der als Form die anima humana hat, wodurch er ein menschlicher Leib ist, und dann ist es die Intelligenz, die nicht ein Instrument ist, womit man erkennt, sondern die Erkenntnis an sich ist.

Es ist sehr fruchtbar, wenn man sich dies einmal vorstellt: einerseits, dass man ein Denkvermögen *hat*, mit dem man Erkenntnis gewinnt; andererseits, dass man ein Denkvermögen *ist*, das kein Instrument ist, sondern selbst die Erkenntnis ist. Man erlebt da dann den Vorboten der dreizehnten Kategorie, nämlich dass der Mensch so weit kommen kann, dass er sich selbst als individualisierte Intelligenz erkennen lernen kann – wobei man sich das dann natürlich nicht so vorstellen darf, wie unser abstrakter Verstand das Erkennen hat.

Es besteht auch die Gefahr, dass man die Intelligenz als dasjenige auffasst, was bei einem Intelligenztest untersucht wird, oder als das, was wir bei hochbegabten intelligenten Menschen oder sehr intelligenten abstrakten Denkern sehen. Der Intellekt ist natürlich eine geschaffene, dem Verfall ausgesetzte Form. Die eigentliche Intelligenz hat sowohl Gefühl als auch Wille in sich und ist also nicht ein Schema oder ein Lehrbuch oder so etwas. Die Intelligenz ist nicht nur eine erkennende Intelligenz, sondern ist auch eine künstlerische Intelligenz und eine moralische Intelligenz.

Damit hoffe ich, einige Bausteine gegeben zu haben, mit denen wir uns morgen in den vierten Teil des Grundsteinspruches vertiefen können.

*

Frage: Macht man diesen beschriebenen Schritt immer wieder von neuem, oder wird das ein bleibender Zustand?

In der Pause wurde diese Frage auch gestellt. Es ist sicher nicht so, dass es nur *einmal* ein Schritt ist, der dann sehr bequem weiterwirkt. Es ist etwas, was immer wieder von neuem initiiert werden muss, und man könnte sich vorstellen, dass es letztlich eine bleibende Eigenschaft der Menschheit wird. Aber für unsere Zeit ist es doch etwas, dass man jedes Mal wieder von neuem initiieren muss.

Es wird eine Frage über das Schauen von Wesen und Prozessen in der geistigen Welt gestellt.

Es ist schwer, darauf so unmittelbar zu antworten. Man kann sehr gut meditieren, ohne je dahin zu kommen. Vielleicht kommt man nie zur Hellsichtigkeit. Es geht hier um das erkenntnistheoretische Werk Rudolf Steiners. Man kann sich vorstellen, dass man, wenn man sich dem nur über die meditative Seite nähert, erst am Ende oder wenn man ein ganzes Stück unterwegs gewesen ist, in die Nähe dieser Dinge kommt. Aber auf der erkenntnistheoretischen Seite Rudolf Steiners liegt eine direkte Möglichkeit. Er hat selbst gesagt, dass dies „verhältnismäßig leicht" und für jeden möglich sei. Ob man Offenbarungen empfangen wird, hängt vom Karma ab, da kann man selbst nichts machen, man kann sich nur dazu bereit machen – *aber der Weg des Denkens ist etwas, was man selbst wollen kann.*

Frage: Ist das dann eine Art Todeserfahrung?

Ja, aber gleichzeitig auch die Auferstehung, diese ist stärker als die Todeserfahrung. Man denkt, dass es unangenehm sei, weil man so fest mit seinem physischen Leib verbunden ist, und es ist natürlich auch ein großer Schritt, aber auf diesem Weg, wie ihn Rudolf Steiner beschreibt, geschieht das allmählich, weil man nach einer Möglichkeit sucht, zu tun, was er sagt, und man empfindet die Führung darin, man wird vor dem Fallen bewahrt. Es gibt dafür keine Worte...

Es wird gesagt, dass der Verzicht auf die eigene Persönlichkeit als eine Todeserfahrung empfunden werden kann.

Beim Lesen eines Buches wie die „Philosophie der Freiheit" kann man nicht anders, als sich selbst zu vergessen, weil man so fasziniert wird von dem Inhalt. Und doch kann man auch dabei noch immer von seinem Mittelpunkt aus aktiv sein, es kann doch immer noch so sein, dass man mit aller Kraft seines Willens auf diese Weise arbeitet. Letztendlich muss sich dies umkehren. Es muss von außen zu einem hin Kraft entstehen, dann aber ist man das, was man in seinem Mittelpunkt war, sein Subjekt, nicht mehr, es ist Objekt geworden. Das geht nicht von selbst, man kann auch sehr gut in dieser einen Richtung bleiben, vom Mittelpunkt zum Umkreis. Dass man sich selbst während des Lesens vergessen hat, also das Bild, sich selbst losgelassen zu haben, wenn man sich sehr intensiv mit einem Buch beschäftigt, ist eine Wirkung des richtigen Lesens. Aber das geschieht nicht bei jedem.

Es wird weiter darüber gesprochen. Dann wird auf die Aussage eines Teilnehmers eingegangen, dass das Erschaffen des Ich zum Beispiel in den Augen der katholischen Kirche als eine Blasphemie aufgefasst werden kann, während der Anthroposoph dies gerade als eine tief religiöse Erfahrung erlebt.

Wir, so wie wir hier beieinander sind, haben eine gründliche „Vorbildung". Man kann sich vorstellen, wenn man in eine Gesellschaft mit einer solchen Vorbildung kommt und eigentlich noch nie davon gehört hat und dann sehr genau verfolgt, was gesagt wird, und man kommt an den Punkt, wo gesagt wird, dass der Mensch in gewissem Sinne auch Schöpfer ist und sogar noch seines eigenen Ichs – dann kann man schon verstehen, dass dann gesagt wird: Was für ein Hochmut! Ja sogar: Blasphemie.

Es wird nach dem Unterschied zwischen dieser Christus-Erfahrung im Denken, dieser Transsubstantiation und der Transsubstantiation in der Menschenweihehandlung gefragt.

In der Menschenweihehandlung geht man mit Bewusstsein mit dem mit, was da geschieht, es geschieht vor den eigenen Augen. Man bekommt den Prozess sozusagen geschenkt – man ist, wenn es gut geht, mit seiner vollen Wachheit anwesend, und in diesem Sinne ist es eine Meditation in der äußeren Wirklichkeit. Dagegen muss der Prozess, den ich beschrieben habe, ganz innerlich selbst initiiert werden, man muss selbst in diesen Zustand der Transsubstantiation kommen. Das geschieht durch die innere Aktivität, die man einsetzt, wodurch man lernt, sich außerhalb seiner selbst zu stellen, und doch denkend anwesend bleibt und dann gleichsam *den Denker selbst erschafft.*

Damit schafft man zugleich die Substanz, also auch den geistigen Stoff, in dem sich die höhere Welt offenbaren kann. Man schafft nicht nur sich selbst, sondern, weil das, was man verwirklicht, in der ganzen geistigen Welt wurzelt, kann die geistige Welt dann auch darin offenbar werden. Das ist Gnade, und da hört das Selbst-Schaffen auf, das ist Selbstverleugnung, das kann man nicht selbst zuwege bringen.

Es wird gefragt, ob das Erschaffen des Ich auch in der Meditation „Ich denke Dinge und Tatsachen" von Rudolf Steiner gefunden werden kann.[14]

Diese Meditation ist doch noch Vorbereitung, und wenn das Ich durch Freiheit aktiv wird, durch Selbstbestimmung in sich die Kategorie des Erkennens realisiert, dann hat man den letzten Satz dieser Meditation eigentlich hinter sich gelassen. Man bereitet durch sie eigentlich die innere Haltung vor, aber man ist noch nicht damit beschäftigt, das Erkennen selbst zu erkennen. Man bereitet es vor, dass man in eine innere Haltung kommen kann, in der dies möglich ist.

Das hängt auch mit dem Hineinkommen in den anderen Zeitstrom zusammen, denn es ist sehr typisch, dass es im Aufbau dieser Meditation „Ich denke Dinge und Tatsachen" und dann „mein Denken verläuft, fließt in der Zeit" der vorwärtsgehende Strom der Zeit ist; in diesen geht man dann mit seinem Willen hinein, diesem will man folgen, man will seinen Denkwillen finden und darin leben. Und dann erwartet man, dass das Ich erlöst wird, dass es frei wird von sich selbst. Dann erst kann das Ich in dieser Umkehrung in den anderen Zeitstrom kommen.

Das Denken verläuft natürlich fortwährend, aber man kann in diesem Strom, in dem man mittreibt, auch einmal stehen bleiben und dann einen Beginn machen. Es ist natürlich kein Beginn, denn das Denken existiert längst. Man macht einen künstlichen Beginn, das tut man sozusagen in jeder Meditation. Man will dann einen bestimmten Gedanken mit Kraft denken, und damit macht man einen Beginn. Das ist dann nicht der Beginn des Denkens, das schon da war.

Es wird darum gebeten, noch etwas mehr über die Meditation der menschlichen Gestalt zu sagen.

---

[14] Diese Meditation ist zu finden in: GA 267, S. 394.

In der genannten Vortragsreihe[15] kann man finden, wie man die menschliche Gestalt als Inhalt für die Meditation nehmen kann. Man kann das auf zwei Arten tun. Man kann entweder die Gestalt imaginieren, in eine Vorstellung bringen, wie sie ist. Dann muss man das sehr intensiv machen, so dass sie vor dem eigenen Geistesauge gleichsam fast *steht*. Man kann sich aber auch seiner eigenen Gestalt bewusst werden.

Man hat seine Gestalt, man empfindet diese auch. Man kann nun seine Gestalt stärker empfinden, so stark empfinden, dass es einen Nachklang bekommt. Es muss so stark werden, dass es, wenn man nicht mehr daran denkt, noch nachklingt. Dann muss man warten, bis es verklungen ist, und dann bleibt noch etwas – und da liegt der Anknüpfungspunkt für das Erleben der Drei-Einheit, die übrig bleibt, wenn die eigene Gestalt verfällt. Doch das wirkt nicht, wenn man es einfach nur vorstellt und dann versucht, darauf zu meditieren. Es hängt mit der Kraft der Vorstellung zusammen, ob da etwas von einer Nachwirkung bleibt. Dann muss es noch *nach* dieser Nachwirkung bleiben, und da liegt der Anfangspunkt dessen, worum es eigentlich geht. Man wird, wenn man damit beginnt, oft überhaupt nicht zu irgendetwas kommen. Man tut dasselbe, wenn man auf eine Farbe schaut und sich dann abwendet oder die Augen schließt. Die Farbe klingt in der Gegenfarbe nach, aber das „Lesen" dieser Farbe würde man erst danach haben. Wenn dann noch etwas übrig bleiben würde – das ist meist nicht der Fall, man ist dann schon weg und hat schon wieder allerlei andere Gedanken, oder man hat die Farbe nicht stark genug in sich aufgenommen –, dann würde man in das ätherische Erleben hineinkommen.

Also man schaut entweder von außen auf die äußere Gestalt, oder man empfindet die Gestalt mehr, aber in einem vorstellenden Fühlen, so dass man wirklich die Gestalt aufnimmt und nicht nur eine vage Gewahrwerdung.

Es wird nach dem vierten Teil des Grundsteinspruches gefragt.

Die Brücke liegt darin, dass das Wesen des Grundsteinspruches von

[15] Rudolf Steiner, Der Mensch im Lichte von Okkultismus, Theosophie und Philosophie, GA 137.

Rudolf Steiner während der Weihnachtstagung folgendermaßen beschrieben wird. Die Menschenliebessubstanz hat er genommen und hat die Menschen-Welten-Imagination dazu verwendet, dieser Substanz Form zu geben, und hat dann das Weltenglanzlicht genommen, um es erstrahlen zu lassen. Da findet man das Gebiet, das außerhalb der anderen neun Kategorien liegt. Dann hat man die Substanz, zugleich aber Form und Erscheinung, und zugleich Licht und Begriff. Man hat also die Substanz des Grundsteins, man hat die Form des Grundsteins, aber man hat auch noch das Licht, mit dem man diesen Grundstein verstehen kann. Wenn wir bedenken, dass wir die Gliederung der Seele in dreimal drei Glieder gleichsam auf der linken Seite hatten[16], dass man außerhalb das Erdenreich und also eigentlich den inkarnierten Menschen hat, dann muss man den vierten Teil des Grundsteins da suchen, wo diese drei mal drei *auf Erden in der Fülle zur Erscheinung* kommen. In der Zeitenwende kommt die Vollkommenheit zur Erscheinung.

Da liegt die Brücke, und damit hängt das Geheimnis der Möglichkeit des Menschen zusammen, sich selbst befruchten zu können, sich selbst erkennen zu können, und dass es letztendlich so weit kommen kann, dass die Individualität auf diese Weise in Reinheit, ohne Trübung, im physischen Leib wirksam werden kann, mit der Kraft von Christus. Da wird die Leiblichkeit zum Auferstehungsleib umgewandelt. Das ist die Brücke zum vierten Teil, und dann hat man eine Transsubstantiation des menschlichen physischen Leibes – was man in der Kommunion in der Menschenweihehandung als „Vorgabe“ empfängt.

Man könnte sagen, dass man dann den Stein der Weisen finden würde, in dem Sinne, dass man keine Kohlensäure mehr abgibt, sondern dass man in seinem eigenen Leib imstande ist, die Kohlensäure zu verarbeiten und in Sauerstoff umzuwandeln. Die Lungenatmung wird dann durch einen inneren Atmungsprozess ersetzt.

Der Grundstein ist etwas, was in unsere Herzen gelegt werden muss. Das kann man doch empfinden, wenn man diese Gliederungen im Grundsteinspruch gewahr zu werden beginnt.

---

[16] Siehe Schema.

DRITTE ARBEITSGRUPPE

Rotterdam, 9. März 2013

Zuerst ein Gedicht von Novalis:

Weinen muß ich, immer weinen:
Möcht er einmal nur erscheinen,
Einmal nur von Ferne mir.
Heilge Wehmut! ewig währen
Meine Schmerzen, meine Zähren;
Gleich erstarren möcht ich hier.

Ewig seh ich ihn nur leiden,
Ewig bittend ihn verscheiden.
O! daß dieses Herz nicht bricht,
Meine Augen sich nicht schließen,
Ganz in Tränen zu zerfließen,
Dieses Glück verdient ich nicht.

Weint denn keiner nicht von allen?
Soll sein Name so verhallen?
Ist die Welt auf einmal tot?
Werd ich nie aus seinen Augen
Wieder Lieb und Leben saugen?
Ist er nun auf ewig tot?

Tot, – was kann, was soll das heißen?
O! so sagt mir doch ihr Weisen,
Sagt mir diese Deutung an.
Er ist stumm, und alle schweigen,
Keiner kann auf Erden zeigen,
Wo mein Herz ihn finden kann.

Nirgend kann ich hier auf Erden
Jemals wieder glücklich werden,
Alles ist ein düstrer Traum.
Ich bin auch mit ihm verschieden,
Läg ich doch mit ihm in Frieden
Schon im unterirdischen Raum.

Du, sein Vater und der meine,
Sammle du doch mein Gebeine
Zu dem seinigen nur bald.
Grün wird bald sein Hügel stehen
Und der Wind darüber wehen,
Und verwesen die Gestalt.

Wenn sie seine Liebe wüßten,
Alle Menschen würden Christen,
Ließen alles andre stehn;
Liebten alle nur den Einen,
Würden alle mit mir weinen
Und in bitterm Weh vergehn.

Wir haben während verschiedener Tage an den Kategorien des Aristoteles gearbeitet, an der Umwandlung dieser Kategorien in die anthroposophischen Kategorien der Dreigliederung, und dann haben wir beim vorigen Mal gemeinsam versucht, die Kategorien der Dreigliederung wiederum mit dem Grundsteinspruch in Zusammenhang zu bringen. Für dieses Mal kam die Frage: Können wir wiederum mit den Kategorien und dem Grundstein arbeiten und dabei dem vierten Teil, den wir voriges Mal zwar berührt haben, worauf wir aber nicht weiter eingegangen sind, einen ganzen Tag widmen?

Ich sagte gestern schon, dass ich in gewissem Sinne mit leeren Händen dastehe, auch wenn hier ein voller Büchertisch steht und ich das Erleben des vierten Teiles des Grundsteinspruches in Romane gegossen habe, die Selbsterkenntnis dieser anderen drei Teile des Grundsteins in „Suche das Licht..." versucht habe, in Worte zu fassen, danach auch in den Büchern über die Meditation und den heiligen Gral. In den letzten Jahren habe ich von neuem einen Versuch gemacht, die Wichtigkeit, die weltverwandelnde Bedeutung dieser dreizehnten Kategorie im Sinne der aktuellen Anschauung des Denkens zu beschreiben. Nicht ein Denken über das Denken im nachhinein – damit beginnt es natürlich –, sondern eine Aktualität, ein gleichzeitiges Denken und Anschauen.

Man schaue sich das Schema zur Dreigliederung und dem Grundstein[17] an. Was da gezeichnet ist, ist die Dreigliederung der Seele, in Entsprechung zum Denken, Fühlen und Wollen und zur Dreigliederung im Grundsteinspruch. Ganz rechts sieht man dann den vierten Teil des Spruches, in Zusammenhang mit den Kategorien.

Den vierten Teil haben wir berührt, insbesondere durch das Zitat von Thomas von Aquin über den erschaffenen Verstand und den unerschaffenen Geist.

Den Aufruf im vierten Teil müssen wir im Lichte der Tatsache erleben, dass dieser Spruch während der Neubegründung der Anthroposophischen Gesellschaft erklingt, dass er eine Bitte um das Gelingen dieser großen Unternehmung ist, die da begonnen wird. In unserer Zeit würde das vielleicht etwas anders formuliert werden. Das ist das Eine.

Das Andere ist: Man muss alles immer auch rückwärts denken. Man darf, wenn man einen solchen Spruch aufnimmt, diesen nicht immer nur vom Anfang zum Ende hin aufnehmen, sondern muss es auch vom Ende zum Anfang hin tun. Es ist eine Notwendigkeit für das Gleichgewicht, dass man nicht nur im Vorwärtsdenken lebt, sondern auch umgekehrt denken kann. In der Umkehrung hat man zuerst die Bitte an Christus, und aus dieser Bitte geht dann hervor, dass man bei dem Aufruf „Menschenseele..." auch weiß, wie man dies erfüllen kann. Ich würde also nicht sagen wollen, dass diese ersten drei Teile die Übungen sind und dass der vierte dann von selbst gehen muss. Sondern dass man das immer auch von einer anderen Seite erleben können muss; dass man sagt: ohne dieses Geschehen kann ich die ersten drei Übungen überhaupt nicht machen.

Es wird nach dem Hüter der Schwelle gefragt.

Dieser erscheint eigentlich unmittelbar, aber man sieht ihn nicht. Er erscheint in der Mutlosigkeit, im Aufgeben, in dem Denken: Ach, ich kann es nicht, es gelingt doch nicht, lass es nur... Der Hüter der Schwelle zeigt einem, dass man ein schwaches, wankelmütiges Wesen

[17] Siehe S. 149.

ist, dass man nur auf das Resultat gerichtet ist und eigentlich gar nicht bereit ist, sich so unglaublich viel Mühe zu geben, wie man es tun müsste.

Diese Gestalt, die man erwartet, die muss man zu Beginn imaginieren. Dass man kein Phantasiebild, sondern eine *wirkliche* Erscheinung des Hüters der Schwelle hat, das liegt doch noch viel weiter weg auf dem Weg, weil diese in dem Moment auftritt, wo das Denken, Fühlen und Wollens selbstständige Wesen werden. Davor hat man davon eine Vorahnung, doch die wirkliche Erscheinung liegt in der Trennung des Denkens, Fühlens und Wollens. Das ist etwas, was in unserer Zeit mehr oder weniger auch von selbst geschieht, doch auf dem inneren Weg ist das etwas, wonach man selbst strebt – und das findet man also in dieser Dreigliederung wieder, dieses Sich-Trennen von Denken, Fühlen und Wollen. Man hat dann eine Welt des Denkens, eine ganz andere Welt des Fühlens und wiederum eine ganz andere Welt des Wollens. Diese leben bei uns gewöhnlichen Erdenbürgern miteinander vermischt; bei der Einweihung jedoch trennen sie sich, und bei dieser Trennung erscheint der Hüter der Schwelle.

Er ist gar nicht so sehr sichtbar, aber wohl fühlbar, in dem Keine-Lust-Haben, der Mutlosigkeit und so weiter.

Im vierten Teil ist man da, wo Aristoteles durch Fichte ergänzt werden kann.[18] Da kann man sagen, dass der Begriff für das *Ich* zugleich das Entstehen des *Ich* ist; und das ist dann nicht das Ich, das zur Seele gehört und das in der Bewusstseinsseele und der Verstandesseele lebt, sondern das ist das *große Ich, das höhere Ich.*

Es ist das Ich, zu dem man dank dieses vierten Teiles des Grundsteins kommen kann. Man kann die Stimmung in sich aufnehmen und dann mit dieser Stimmung einen Versuch machen, zu einem Realisieren des Ichs zu kommen. Man kommt dann zu einem realen aktuellen Anschauen der Aktivität des Ich. Das Ich ist also nicht mehr so klein, wenn es im Denken aktiv wird; und wenn es im Denken aktiv wird, kann man das Ich zugleich denken und dies gewahrwerden, weil man das Ich *ist*, und da liegt der Übergang von Vier zu Drei.

Das könnten wir jetzt in diesem Moment versuchen, mit aller Erfah-

---

[18] Rudolf Steiner, Philosophie und Anthroposophie, GA35.

rung, die wir inzwischen haben. Man sagt sich: Ich setze mit meinem vollen Bewusstsein und vollen Willen das Denken in Gang, bilde den Begriff des Kreises, aber ich bin nicht so sehr mit dem Bilden des Kreisbegriffes beschäftigt, ich richte meine Andacht mehr darauf, dass ich imstande bin, das Denken *wollend, denkend* in Gang zu setzen. Man muss sich noch etwas weiter zurückhalten.

Das Denken verläuft natürlich immer, das beginnt nicht. Aber man kann sehr wohl in jedem Moment *wollen*, und man kann aus diesem Denkstrom aufstehen und sich sagen: Jetzt will ich einen bestimmten Begriff denken. Dieser Willenseinsatz ist es, wo der Anfang des Verstehens des Ichs lebt. Es geht um das Bewusstwerden des Beginns der Aktivität, der *Initiation*, könnte man sagen.

Der Begriff des Kreises ist mehr als eine Formel, denn man weiß inzwischen, was es bedeutet; man weiß, dass es wirklich die Beschreibung dessen ist, was der Kreis seinem Wesen nach *ist*. Wenn man beginnt, muss man das sehr genau machen, dann muss man wirklich wollend in Gang kommen. Man will den Begriff des Kreises denken, das heißt, dass man nicht nur eine Vorstellung eines Kreises hat, sondern dass man auch weiß, was für eine Bedeutung ein Kreis hat. Das Wesen dessen denkt man. Das kann man nur, wenn man es schon weiß. Man hat es schon so oft gemacht... Wenn man das Denken in Gang setzt und sich sagt: Ich will jetzt – tatsächlich ist es natürlich eine innere Bewegung, die man macht – das Denken in Gang setzen, und ich nehme gleichsam irgendwoher das Wesen des Kreises, den Begriff des Kreises, so dass es ein Gedanke wird. Der Begriff des Kreises ist da, nun beschließt man, ihn in einen Gedanken umzusetzen – und da liegt der wichtige Punkt der Andacht. Da beginnt das Denken, gewollt zu werden.

Man kann auch dasitzen und sich sagen: Ich meditiere jetzt – und das nicht mit so viel Willen tun. Man tut zwar, was man vorhat, aber man ist nicht mit seinem ganzen Bewusstsein dabei. In diesem Dabei-Sein liegt die Ich-Bedeutung. Sonst gibt es keinen Beginn und kein Beginnen, weil es immer einfach weiterläuft und alles Mögliche kommt.

Auch wenn man etwas meditiert, was man nicht ganz durchschauen kann, ein Mantram wie den Grundstein, weiß man doch, dass man das tun will – man hat es zur Verfügung.

Der Impuls sitzt im Übergehen vom Nicht-Denken – und dem Gedanken-kommen-Lassen – zum „Ich *will* jetzt *dies* denken".

Bevor man denkt, hat man schon den Begriff, da liegt das wortlose Denken. Wenn man denkt, gibt man dem Worte. Das Wortlose liegt davor, unmittelbar vor dem Moment, wo man das Denken in Gang setzt. Schließlich kann man in dem Begriff bleiben, ihn dennoch in Gang setzen, aber keine Worte bilden. Man verwendet die Worte, um ein Bewusstsein des Begriffes zu bekommen. Hat man ihn einmal, kann man auch davor bleiben und ohne Worte den Begriff denken.

Da liegt das Hypomochlion, der Gleichgewichtspunkt zwischen Nicht-Denken und Denken. Der Gleichgewichtspunkt, wo man als menschliches Wesen, als Ich, ganz weiß, was man tun will, auch ganz weiß, wie man das tun muss, und dann auch noch tut – aber das ist der Punkt der Freiheit. Was also gleichsam in der Vorhalle ist, was ein Vorgedanke ist, das kommt dann bewusst zur Erscheinung.

Eine Teilnehmerin sagt, dass sie dem stets ausweicht, weil dann etwas Enormes auf einen zukomme, was man durch die Worte abdämpft.

Man muss seine Ich-Kraft dabei ausreichend aufrechterhalten können. Dieser Punkt ist von größter Wichtigkeit. Denn da liegt die Anwesenheit des Geistes, und diesen kann man in diesem Übergang finden.

Man muss lernen, in dem Übergangspunkt *stehen* zu bleiben, nicht in die Worte hineinzugehen, aber auch nicht in einen Mangel an Willen im Denken zurückzufallen. Es ist keine philosophische Übung, sondern ein existentieller Prozess, wo man geboren wird, wo man sich selbst geboren werden lässt, aus dem, was hinter einem *wissend* ist und was man durch das Formulieren von Begriffen in ein bewusstes Wissen bringt.

Man braucht nicht damit zu beginnen, zuerst *nichts* zu denken; es ist die Kraft, mit der man das Denken *tut*, die alles Übrige zu Nichts reduziert. Man kann das Nichts schaffen, indem man mit allen Kräften die Bewegung macht. Durch das meditative Verstärken dieses Schrittes, kann man – durch die Intensität des In-Gang-Setzens des Denkens – zu einem Vergessen von allem Anderen kommen. Aber wir sind das nicht gewohnt, wir sind es gewohnt, dass alles so ein wenig von selbst geht. Tut man dies jedoch mit seinem vollen Willenseinsatz, dann ist nichts mehr an Willen übrig, der mit etwas anderem beschäftigt ist.

Kinder sind ein sehr gutes Vorbild darin, weil sie noch äußerlich tun, was wir später innerlich während der Meditation tun müssten. Sie gehen ganz auf in ihrem Spiel.

Es ist eine Übung, die wir gemacht haben. Aber man kann sich vorstellen, dass man in derselben Weise, wie man, wenn man Fitness betreibt, seine Kraft übt, aber auch außerhalb dieser Zeit kräftiger wird – hier ebenso auch außerhalb der Meditation kräftiger wird. Denn man macht dies in einer Übung, aber es beschränkt sich natürlich nicht nur auf die Zeit, in der man das übt, es wird eine Fertigkeit, eine neue Qualität, schließlich entsteht ein neuer Mensch.

*

Das vierte Kapitel der „Philosophie der Freiheit“ von Rudolf Steiner beginnt mit der Aussage, dass der Mensch Begriffe und Ideen habe, aber dass diese nicht in Worte zu fassen seien. Man kann sie also nicht übertragen, man kann nur darauf hinweisen, dass der Mensch sie hat.

Das gilt auch für den Begriff des Kreises. Man könnte die Definition auswendig lernen: Ein Kreis ist eine Menge von Punkten und so weiter ... aber dann hat man noch nicht den Begriff. Die Worte drücken etwas aus, was jeder Mensch selbst begreifen muss. Die Worte können übertragen werden, der Begriff nicht. Die Definition ist nicht der Begriff, man hat sie nur als Hilfe zur Bewusstwerdung des Begriffes. Auch der, der die Definition gibt, braucht den Begriff überhaupt nicht zu haben. Er kann sie perfekt nachsprechen und dann doch innerlich nicht verstehen, was es ist. Das wird bei dem Begriff des Kreises nicht so schnell der Fall sein, doch wenn man den Begriff der Ellipse beschreiben würde, dann ist die Frage, ob das auch wirklich als Begriff anwesend ist – man muss das gut unterscheiden, das ist wirklich der Unterschied zwischen dem Auswendiglernen und der Möglichkeit, aus dem Begriff heraus zu denken.

Es ist die wirkliche Individualität, die im Begreifen lebt. Es ist der erste bedeutende Schritt in Richtung eines wirklich geistigen Lebens, wenn man den Übergang zwischen dem, was man ausspricht, und dem, was es bedeutet, der Bedeutung, kennen lernt. Das ist der Begriff, und dieser ist nicht zu übertragen.

Um das genau zu durchschauen, sollte man am besten mit einfachen Begriffen beginnen, bei denen man sicher ist, dass man sie auch *hat* oder dass man sie ziemlich einfach erwerben kann.

In meinem Buch „Ich mache, was ich will!" findet sich auch der Dialog zwischen Sokrates und dem Hausjungen des Menon. Das ist wirklich so ein Beispiel, wo letztlich Schritt für Schritt, aufgrund von Einsicht, die letzte Einsicht entsteht. Es geht in diesem Dialog um die Frage: Ist die Tugend lehrbar? Sokrates will dabei zeigen, dass der Mensch etwas in sich hat, was ihn selbstständig zur Einsicht führen kann. Er zeigt, dass der Junge, der überhaupt keine Bildung hat, doch bestimmte Möglichkeiten der Einsicht in sich hat. Schritt für Schritt lässt er ihn zu der Einsicht kommen, wie man ein Quadrat von bestimmter Fläche so vergrößern kann, dass es die doppelte Fläche hat. Der Junge macht zwar Fehler, aber kann diese durch die Anweisungen von Sokrates einsehen und so zur Lösung dieser Frage kommen.

Wenn man dann also zur Einsicht kommt, zu dem Begriff des Kreises, kann man ihn auch schon denken, bevor man ihn ausspricht. Dann kann man rund um diesen Punkt einmal seinen inneren Blick schweifen lassen.

Der Begriff ist dynamisch, weil er alle Kreise umfasst. Das ist das Besondere des Begriffs – dass er nicht auf *einen* Kreis anwendbar ist, sondern auf alle Kreise. Er ist also die Dynamik par excellence, er hat alle Formen tatsächlich losgelassen, der Begriff geht von einem Radius Null – einem punktförmigen Etwas – bis zu einem Radius Unendlich. Durch den Zusatz: „in der Ebene" bleibt es ein Kreis; lässt man diesen weg, geht man von einem raumlosen Punkt zu einer unendlichen Kugel.

Nun blicken wir uns einmal innerlich um, rund um den Punkt des In-Gang-Setzens des Denkens. Zuvor hatte ich die Einsicht schon parat, sie kommt beim Beginnen des Denkens zur Erscheinung, und dann kann man den Gedanken noch einmal betrachten. Es ist eine

Art Katharsis, man muss eine Denk-Askese üben wollen. Im gewöhnlichen Leben kann man sich sozusagen an allem „versündigen“, nun will man in seinen Gedanken einmal versuchen, rein zu bleiben.

Dann beginnt man allmählich, zu sehen, dass die drei Aspekte, der Begriff ante rem, der Begriff in re, der Begriff post rem, anfangen zusammenzufallen. Es entsteht etwas, was diese drei in *eins* zusammenfasst, was größer ist als das, was wir hatten, was das ganze Geschehen übersteigt. Das Ganze ist größer als die Summe der Teile. Das Zurückschauen auf das, was man im Denken getan hat, nähert sich immer mehr dem Denken selbst. Schließlich ist es eine „Aktualität“, das heißt, dass man das Denken gleichzeitig tun *und* anschauen *und* verstehen kann. Es ist eine Einsicht, und diese ist nicht geteilt. Wenn die Einsicht in ihrer Ganzheit da ist, hat man die Intuition des Begriffs des Kreises, und das ist das rein Geistige. Der Begriff wird zwar aus Teilen aufgebaut (Abstand, Verhältnis usw.), aber in sich ist eine Einsicht immer ungeteilt.

Man ist tatsächlich ganz außerhalb des leiblichen Gebietes. Es ist das rein geistige Erfassen eines rein geistigen Inhalts. In dem Moment, wo man die Einsicht hat, ist man in der *Intuition* der Einsicht. Das ist ein Vorbild für alle übrige Intuition. Wenn man es dann auseinanderlegt, kommt man in das Gebiet der *Inspiration*, und dann hat man das *Leben*. Dann offenbart es sich viel größer und vielfältiger als in diesem einen Begriff. Wenn man den Kreis sieht, hat man die *Imagination*. In dem ganzen Denkgeschehen *eines* Begriffes hat man im Kleinen auch die ganze Möglichkeit der Erkenntnis des Menschen. Die Imagination ist das Bilden der Vorstellung. Es ist nicht das Sehen eines Fotos, sondern man macht es selbst, man bildet den Kreis.

Imagination ist das Formen des Bildes, das zu dem Begriff gehört. Imagination ist das *Verbildlichen*, buchstäblich. Man kann diese Verbildlichung auch in Bewegung bringen, indem man den Punkt zu einem wachsenden Kreis auswachsen lässt. Man imaginiert den Begriff. Man sieht den Kreis, nur nicht einen bestimmten Kreis. Der Punkt kann überall sein und der Umkreis auch. Imagination ist eine Denkaktivität, die zum Bild geworden ist. Dann hat man ein Vorbild für *alle* Imagination.

Wenn man die Intuition hat, bedeutet das, dass man weiß, dass etwas wahr ist. Das ist das Wesen der Einsicht, dass es Wahrheit ist und dass man ein Wissen davon hat. Durch ein Bild kann man irregeführt werden, durch die Intuition nicht. Man muss anfangs streng bei dem geformten Bild bleiben und darf alle sonst aufkommenden Bilder nicht zulassen. So, wie man Träume inhaltlich oft als Täuschung ansehen muss, ist dies bei aufkommenden Bildern auch der Fall. Eine Übung wie diese ist deshalb so wichtig und auch so heilsam, weil man dadurch diesen ganzen Prozess kennen lernt – in einer außerordentlich einfachen Form, die eigentlich jeder Mensch zur Verfügung hat, in der die drei Schritte schon anwesend sind und in der man den Unterschied zwischen dem blinden Vorstellen eines Kreises und dem Vorstellen des Kreises mit Begriff erleben kann.

Wenn man auf das große Ich schaut (siehe Schema), dann sieht man das dreigliedrige Denken, Fühlen und Wollen. Die Imagination sitzt oben, die Inspiration ist in der Mitte, und die Intuition befindet sich im Willen. Etwas anderes ist es, wenn man dann nicht den Standpunkt des Ich in Bezug zur Seele einnimmt, sondern wenn man in das „Reich" hineingeht. Dann hat man Substanz, und man hat Form, und man hat Licht. Man kann auch sagen: Substanz, Form und Einsicht, also Bewusstsein. Substanz hat Verwandtschaft mit dem Willen, Form mit Erscheinung, mit Fühlen, und Licht mit Bewusstsein im Denken. Substanz liegt in dem wollenden Willensgebiet, aber dann so viel weiter, dass es Reich geworden ist; ebenso liegt die Form in dem fühlenden Reich und dem Erkennenkönnen dessen, das „post rem" im denkenden Reich, es ist das „Glanzlicht".

Und dann muss man das Reich auch wiederum in der allergrößten Perspektive sehen. Die ursprüngliche Sicht der Kabbala, rechts im Schema, findet man in der menschlichen gezeichneten Gestalt wieder.[19] Das Fundament ist das Kreuz des Menschen, dann hat man im linken Bein die Glorie, im rechten Bein den Schein, dann im linken Arm die Liebe, im rechten Arm die Gnade und in der Mitte die Gerechtigkeit; im Haupt links Verstand, rechts Weisheit und in der Mitte oben die Krone. Der Mensch steht im Reich, auf dem Reich. Das ist der ursprüngliche Adam Kadmon, es ist der Adam vor dem Sündenfall.

Der andere dreigliedrige Mensch, den wir also auf der anderen Seite

[19] Siehe Zeichnung von Adam Kadmon, S. 146.

stehen sehen, worauf man also als auf seine eigene Seele zurückschaut, das ist der durch die Erbsünde gegangene Mensch, der sich selbst anschaut und sich erheben will; der sich so verändern will, dass er unter Erhalt der Früchte der Verführung zu einer Erneuerung kommt. Dazwischen steht das Christusgeschehen, Er hat es vorgemacht und es dadurch auch möglich gemacht. Sonst wäre man als Mensch machtlos gewesen gegenüber diesen enormen Kräften des Denkens, Fühlens und Wollens, die man in sich hat und die in gewissem Sinne – so muss man es doch sehen – von Luzifer im Denken und Ahriman im Willen besessen sind. Man selbst steckt mit einem winzig kleinen Strom guten Willens dazwischen, und dieser winzige Strom, der kann sich mit dem „göttlichen Licht", der Christus-Sonne verbinden.

Darum kehren wir immer wieder zu einem so einfachen Begriff wie dem des Kreises zurück, weil man hier, wenn man sich tatsächlich darauf einlässt, das Wesen der Intuition in dem Sinne finden kann, dass man sich bewusst wird, dass man weiß, was ein Kreis ist; dass man diese Einsicht hat, dass man als Mensch wirklich ganz *weiß* – in dem Moment, wo man sich dessen bewusst werden will, dieses In-Gang-Setzens des Denkens, *ist man in der Intuition.*

Da liegt der Punkt der Überwindung des Zweifels. Es mag dann so sein, dass man den Rest des Lebens ein Zweifler bleibt; irgendwo ist dennoch ein Punkt, wo man erlebt hat, dass ein Mensch doch auch Sicherheit haben kann, und zwar absolut, ohne jeden Zweifel. Von da aus könnte man dann weitergehen, um die Sicherheit so kennen zu lernen, dass man sie als „Goldpunkte" auch im übrigen Dasein wiedererkennen lernt.

Diese Dreiheit in der einfachen Begriffsbildung des Kreises kann man als einen Keim ansehen, den man auf alle Begriffsbildung erweitern kann, so dass diese letztlich so groß werden kann wie der Grundstein.

Man kann sich vorstellen, dass man durch Übung und das Sich-bewusst-Werden des Begriffes ante rem sich auch des *Ich ante rem* bewusst wird, dass man sich des Vorgeburtlichen bewusst wird – und dass man dieses Erinnern bis zum Entstehen des Kosmos fortführen kann.

Der Schritt des Geist-Besinnens ist, dass man sich dann auch in die

Welt hineinwagt. Ich habe das in „Suche das Licht…“ so beschrieben, dass man eine Art Mut haben muss, sich zur Erscheinung zu bringen, was man im Bilden des Begriffes eigentlich schon hat; dass man aus einer Welt kommt, in der es all diese Begriffe gibt. Nun muss man in den Tod des geformten, formulierten Begriffes gehen. Es braucht Mut, in die Erdenwelt hineinzugehen und da dasjenige zu tun, was man zu tun hat. Hier hat man das *Ich in re*.

Schließlich braucht man hier *Licht*, das das beleuchtet. Es ist das *post rem*, wo jene beiden (ante rem und in re) betrachtet werden können und wo man also aktuell in dem anwesend sein kann, was sich bildet.

Das bedeutet im Leben, dass man Geistesgegenwart hat. Auf diese Weise können wir die Freiheit in das tägliche Dasein hineintragen, und zwar indem wir nicht unbesonnen vorgehen, sondern indem wir die Geistesgegenwart dabeihaben, was einen sehr stark moralischen Charakter hat. Wenn das Licht auf das eigene Dasein fällt, dann ist das ein Wachwerden für das Moralische, für den moralischen Wert des eigenen Lebens.

Wenn das in der Meditation gemacht wird, dann fällt das Licht der geistigen Welt auf die Prozesse und die Wesen der geistigen Welt, nachdem man zuerst das eigene Wesen angeschaut hat, auch in all seiner fast unerträglichen Hässlichkeit. So kann man sich selbst von dem Rest der geistigen Welt unterscheiden lernen, sonst liefe man das Risiko, dass man in allem, was man zu sehen meint, eigentlich sich selbst sieht. Man steht dann in einer geistigen Welt, die tatsächlich immerzu nur einen selbst zeigt, in allen möglichen Formen und Gestalten. Das kann man nur vermeiden, indem man das eigene Wesen selbst ganz und gar sieht. Dann weiß man, welcher Teil von einem selbst ist und welcher Teil es nicht ist.

Tatsächlich kennt man sich selbst ebenso gut wie den Begriff des Kreises, aber nicht als eine logische, sondern als eine Geistgestalt.

*

Wir können die Übung nun erweitern, indem wir zu der Meditation von Punkt und Umkreis übergehen, wobei der Punkt zugleich Umkreis ist und der Umkreis Punkt. Im heilpädagogischen Kurs gibt Rudolf Steiner diese Übung. Da sagt er sogar mit starker Betonung, dass er findet, dass man pädagogische Probleme nicht lösen kann, wenn man nicht zu dem Geheimnis von Punkt und Umkreis, von Mittelpunkt und Peripherie vordringen kann. Kann man dies, dann dringt man zu der Dreigliederung des Leibes vor. Im *Haupt* ist man Punkt, man ist in sich selbst, und der Knochen ist Umhüllung. In den *Gliedmaßen* ist man im Umkreis, und der Knochen ist im Zentrum. Da ist man in allem anderen.

Rudolf Steiner gibt dafür zwei Übungen. Abends meditiert man „Gott in mir", morgens „Ich in Gott". Mit „Ich in Gott" spricht man eigentlich das Wesen seiner Gliedmaßen aus, und das wird in der Anatomie sichtbar. Da ist der Mittelpunkt im fernsten Umkreis. Im Haupt spricht man „Gott in mir" aus, da ist der Mittelpunkt der Mittelpunkt. Das ist ein spirituell gewordener Begriff des Kreises, der Kugel.

Man könnte sagen, dass diese beiden Pole in einer Lemniskatenform miteinander verbunden sind. Doch das Dramatische ist, dass im modernen Menschen diese Verbindung zerbrochen ist. Man ist im Denken und Wollen völlig getrennt.[20]

In diesem Sinne ist es für uns wirklich an der Zeit, etwas an uns selbst zu tun, wodurch dies wieder zusammengebracht wird. Von Natur aus können wir das „Gott in mir" und das „Ich in Gott" nicht mehr erreichen.

Noch eine zweite Übung wird gegeben: Man stelle sich einen blauen Kreis mit einem gelben Mittelpunkt vor und lasse diesen gelben Mittelpunkt so wachsen, dass er das Blaue verdrängt. Man hat dann einen gelben Kreis, in dem im Mittelpunkt wieder Blau erscheint, und so weiter. Es gibt Menschen, die innerlich keine Farben sehen können, sie können das dann besser lernen, indem sie vom *Erleben oder dem Begriff* ausgehen.

*

[20] Rudolf Steiner, Die Sendung Michaels, GA 194.

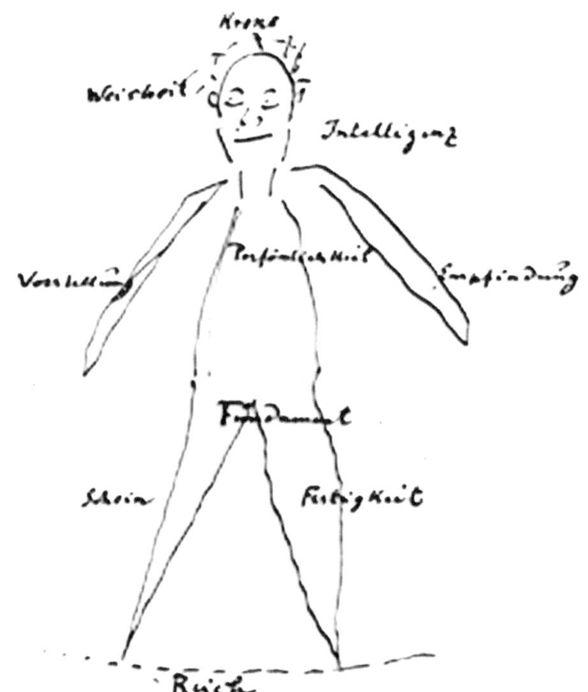

Der Lebensbaum ist die Summe der Sephirots d. i.

Adam Kadmon.

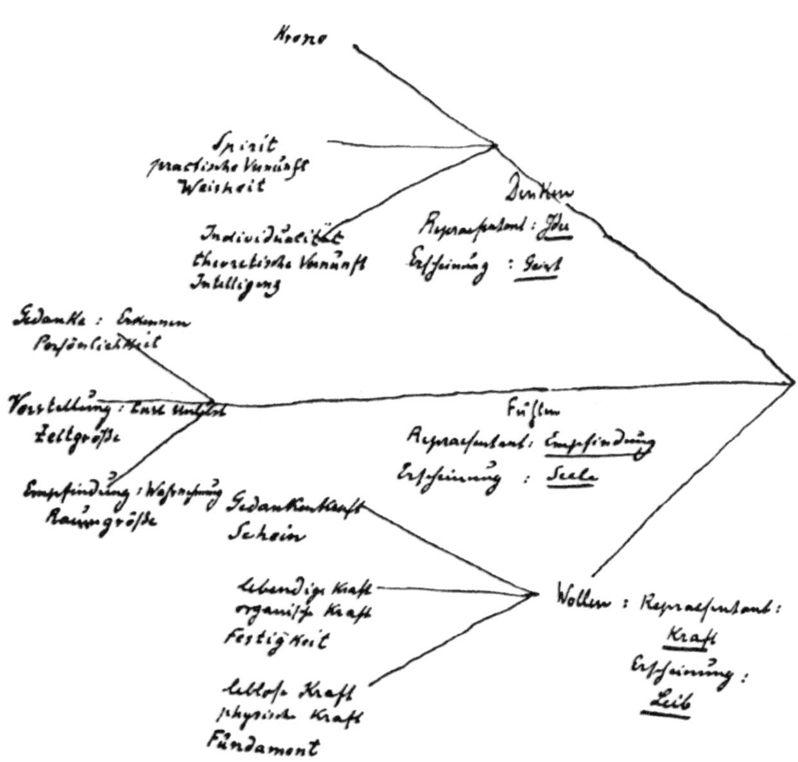
Krone
Spirit
practische Vernunft
Weisheit
Individualität
theoretische Vernunft
Intelligenz
Denken
Repraesentant : Idee
Erscheinung : Geist
Gedanke : Erkennen
Persönlichkeit
Vorstellung :
Zeitgröße
Empfindung : Wahrnehmung
Raumgröße
Fühlen
Repraesentant : Empfindung
Erscheinung : Seele
Gedankenkraft
Schein
lebendige Kraft
organische Kraft
Festigkeit
leblose Kraft
physische Kraft
Fundament
Wollen : Repraesentant :
Kraft
Erscheinung :
Leib

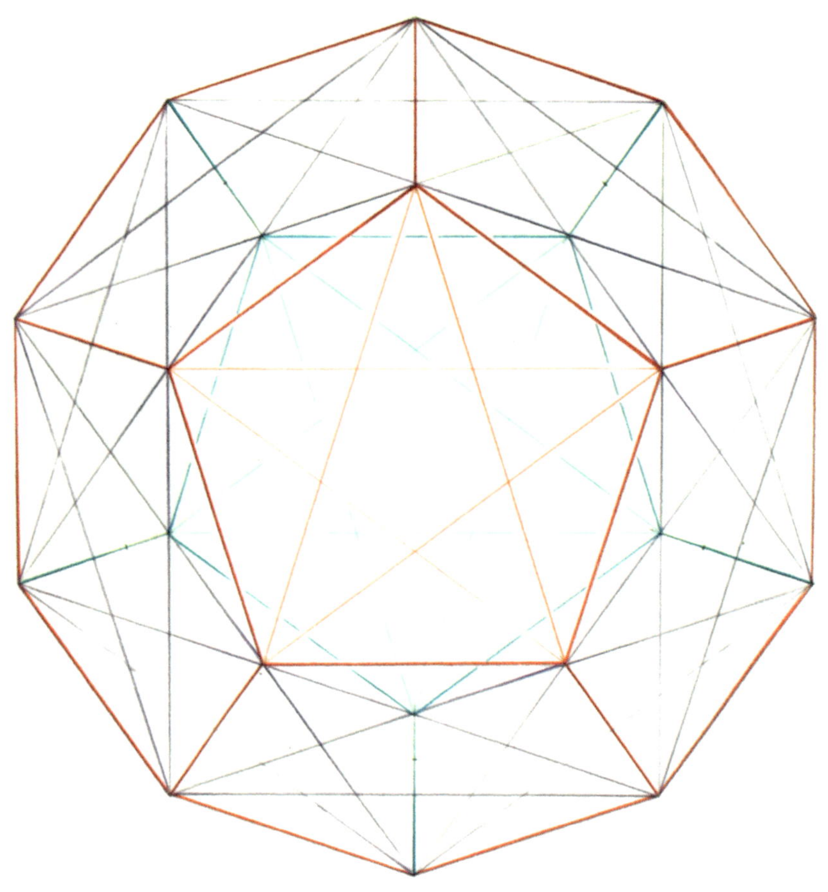

Pentagondodekaeder
Zeichnung von Diederik van Leeuwen

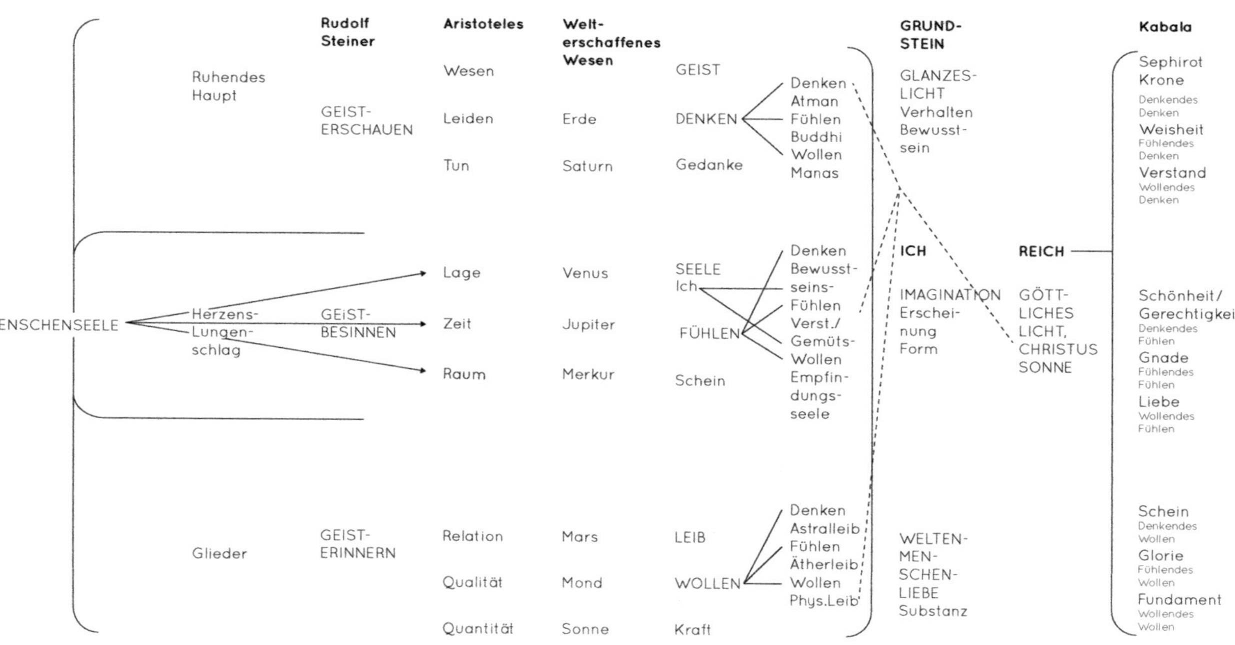

Rudolf Steiner
Aristoteles
Welt-erschaffenes Wesen
GRUND-STEIN
Kabala
MENSCHENSEELE
Ruhendes Haupt
GEIST-ERSCHAUEN
Wesen
Leiden
Tun
Erde
Saturn
GEIST
DENKEN
Gedanke
Denken
Atman
Fühlen
Buddhi
Wollen
Manas
GLANZES-LICHT
Verhalten
Bewusst-sein
Sephirot
Krone
Denkendes Denken
Weisheit
Fühlendes Denken
Verstand
Wollendes Denken
Herzens-Lungen-schlag
GEIST-BESINNEN
Lage
Zeit
Raum
Venus
Jupiter
Merkur
SEELE
Ich
FÜHLEN
Schein
Denken
Bewusst-seins-
Fühlen
Verst./Gemüts-
Wollen
Empfin-dungs-seele
ICH
IMAGINATION
Erschei-nung
Form
REICH
GÖTT-LICHES LICHT, CHRISTUS SONNE
Schönheit/Gerechtigkeit
Denkendes Fühlen
Gnade
Fühlendes Fühlen
Liebe
Wollendes Fühlen
Glieder
GEIST-ERINNERN
Relation
Qualität
Quantität
Mars
Mond
Sonne
LEIB
WOLLEN
Kraft
Denken
Astralleib
Fühlen
Ätherleib
Wollen
Phys.Leib
WELTEN-MEN-SCHEN-LIEBE
Substanz
Schein
Denkendes Wollen
Glorie
Fühlendes Wollen
Fundament
Wollendes Wollen